2013 年世界劳工报告

重塑经济和社会结构

国际劳工组织　著
中国财政经济出版社　组织翻译

中国财政经济出版社

本书英文版由国际劳工研究所（日内瓦）出版，书名为 World of Work Report 2013：Repairing the economic and social fabric

图书在版编目（CIP）数据

2013 年世界劳工报告：重塑经济和社会结构／国际劳工组织著；中国财政经济出版社组织翻译．—北京：中国财政经济出版社，2014．4

ISBN 978-7-5095-5160-8

Ⅰ．①2…　Ⅱ．①国…　②中…　Ⅲ．①劳动就业-研究报告-世界-2013　Ⅳ．①F249．1

中国版本图书馆 CIP 数据核字(2014)第 047726 号

责任编辑：吴　敏　　　　责任校对：李　丽
封面设计：耕　者　　　　版式设计：录文通

中国财政经济出版社出版

URL：http：//www．cfeph．cn
E-mail：cfeph @ cfeph．cn

社址：北京市海淀区阜成路甲 28 号　邮政编码：100142
发行处电话：88190406　财经书店电话：64033436
北京富生印刷厂印刷　各地新华书店经销
880×1230 毫米　16 开　8 印张　170 000 字
2014 年 4 月第 1 版　2014 年 4 月北京第 1 次印刷
定价：30．00 元
ISBN 978-7-5095-5160-8/F·4176
图字：01-2013-9261
（图书出现印装问题，本社负责调换）
本社质量投诉电话：010-88190744

国际劳工研究所于1960年由国际劳工组织创建，是一个在社会和劳工领域开展深入研究的独立机构。

《2013年世界劳工报告》的编写人员

本报告由国际劳工研究所工作人员撰写，研究所所长负责出版事宜。各章节的作者如下：

- 编者的话：雷蒙德·托雷斯
- 艾娃·洛佩斯·莫雷略、萨米尔·卡蒂瓦达、玛瓦·克力（第一章）
- 佩林·赛克勒·里奇亚迪、玛瓦·克力以及哈桑·卡什夫提供的帮助（第二章）
- 乌玛·拉尼、帕特里克·贝尔瑟、赛塔罗·兰杰巴（第三章）
- 斯蒂芬·托宾、丹尼尔·萨曼、艾莫·斯科特以及弗朗兹·艾伯特（高管薪酬）提供的帮助（第四章）
- 维罗尼卡·埃斯库德罗、萨米尔·卡蒂瓦达、米格尔·安吉尔·马罗（第五章）

雷蒙德·托雷斯负责本报告的编辑和协调工作。朱迪·拉弗蒂担任本报告制作助理。本报告还得益于基于全球经济链接（Global Economic Linkages）模型（由文森佐·斯皮自亚和斯特凡·库恩建立）进行的分析。

在此，我们感谢国际劳工组织副总干事桑德拉·博拉斯基对本报告给予的具有启发性的意见和指导。

帕特里克·安德森、彼得·多林格尔、贾亚提·戈什、多米尼克·梅达、阿里森·莫尔黑德、盖伊·蒙德拉克对本报告的早期版本提供了出色的建议和意见。

在此还要向国际劳工组织的同仁们表示诚挚的谢意，感谢他们提供的大有裨益的意见。他们是娜达·阿尔纳什夫、玛丽-弗朗丝·奥尔、彼得·奥尔、路易吉·卡尔、查尔斯·丹、皮埃尔·德拉梅、鲁迪·德拉鲁、迪姆特娜·迪姆特罗娃、乌米特·艾芬迪奥格鲁、娜迦迪·高什、弗朗克·哈格曼、汉斯·霍夫梅杰尔、苏珊·霍夫曼、玛丽·卡娃、塞巴斯蒂安·金策尔、艾迪·李、马尔特·卢波克、弗朗西丝·墨潘、菲利普·马卡登、安德烈·马瑞纳金斯、克里斯蒂娜·迈赫斯、伊莲娜·纳斯波洛娃、辛西娅·塞缪尔-奥拉朱旺、迪亚哥·雷伊、华金·涅托·赛恩斯、达米安·罗彻、丹尼尔·史密斯、珍-弗朗索瓦·特罗格尔利奇、马法尔达·特伦丘以及舒伦施梅格·左柯西尔特。

最后，还要感谢国际劳工研究所的各位同仁及优秀的研究助理人员，他们对以下章节提供了宝贵的支持：克里斯蒂娜·戴安（专栏1.1），卡洛琳娜·列侬（第一章）；劳拉·拉瓦齐尼（总研究助理），萨米拉·阿里乌、伦辛·古纳伊丁、瓦伦丁·亨哈德、阿尔诺·孔、安瓦尔·迪恩·拉瓦尼、瑞秋·梅丁、维多利亚·乌兰托瓦和弗朗兹·艾伯特（第三章）；夏洛特·卡雷尔、克里斯蒂娜·戴安和杜牧南（第四章）；西米索拉·奥巴图新（第五章）。

编者的话

调整经济与社会结构

雷蒙德·托雷斯
国际劳工研究所所长

劳动力市场与收入状况严重不均衡……

各国之间以及各国国内的就业和社会前景相差甚大。过去三年间，大部分新兴和发展中经济体的就业率均出现了增长（见第一章）。除此之外，这些经济体还在某些程度上成功缓解了收入不平等状况——尽管这种状况依然相对严重。它们努力的结果就是中等收入群体日益庞大。在这方面，拉丁美洲及加勒比地区国家、亚洲以及撒哈拉以南地区的部分国家的进展尤其喜人。

然而，发达经济体的形势却更为复杂。继2008年全球金融危机爆发以来，一些发达经济体成功地创造了一些就业岗位，这一点在澳大利亚、加拿大、新西兰和韩国尤为明显。最近，美国和日本也出现了喜人的复苏迹象。相比之下，欧洲却依然面临着重大挑战，而且从诸多方面来看，欧洲的劳动力市场和社会前景将进一步恶化。

就目前而言，预计到2015年，全球失业人口将接近2.08亿，远超目前的2.015亿。包括发展中国家严重的劳动力市场非正规就业问题及发达经济体的长期失业问题在内的劳动力市场长期不均衡的状况将依然严重。

该报告着重指出了完善的就业和社会政策在巩固复苏成果以及在仍深受危机影响的国家创造就业岗位方面所能发挥的重要作用。

……但这种状况可以通过巩固新兴和发展中国家的再平衡进程得到改善……

对就业市场正在复苏的国家而言，它们将从继续实施完善的社会保障制度以及推动劳动收入中受益。这些国家的成功得益于它们在调整再平衡进程方面所做的工作，而再平衡进程能够刺激国内的增长源。加强这些工作的力度对巩固目前已取得的进展至关重要，因为向发达国家出口的刺激效果将不再像危机爆发前20年那般明显。对主要的基础设施项目进行投资，促进非正规就业向正规就业转化，扩大完善的社会保障以及最低工资制度覆盖范围的举措将有助于进一步实现上述目标。这些举措不仅可以推动目前的增长，还可以巩固业已庞大且日益壮大的中等收入群体，这对确保经济自主增长至关重要（见第二章）。若设计完善，这些政策有助于应对就业不足问题，这一状况在多数发展中国家仍非常普遍。

本报告重点关注了设计完善的最低工资制度所能发挥的作用（见第三章）。在151个可获得数据的国家中，大约有半数国家尚未制定全面的最低工资制度。在具备最低工资法的国家中，往往需要采取更强有力的行动以提高法律遵从度。

设计完善的最低工资制度能够为正规就业和非正规就业的工作者提供有效的收入下限，还可以激励人们提高生产力，若再加上社会保障最低标准，则有助于提高低收入群体的能力。然而，在雇佣情况持续低迷的状况下，最低工资水平的设定需要仔细认真的协调，以便使其具有法律约束力，并与正规就业岗位的创造保持一致。最低工资过低会削弱其针对性，而过高则会面临企业拒绝遵从的风险。重要的是，该报告指出定期更新以及让工作者和雇主参与最低工资的设定非常重要，其有利于人们利用最低工资带来的好处以及确保最低工资能为提供体面就业机会奠定基础。

……还可通过挖掘发达经济体的就业与宏观经济目标之间恰当的平衡来得到改善。

发达经济体面临的挑战是刺激就业岗位的创造并调整宏观经济，使其再次达到均衡。这两大目标相互关联。越来越严重的长期失业和儿童贫困会耗费高昂的社会与经济成本，并使宏观经济目标的实现变得复杂化。同样，紧缩的信贷条件以及高失业率导致的疲软需求前景会对生产性投资——特别是小企业的投资——产生不利影响，而一般小企业在就业中的占比却十分高（见第四章）。此外，这也会进而削弱增长潜力以及政府的偿债能力。

因此，增强就业与其他宏观经济目标之间的平衡对实现全面持久的复苏非常必要。首先，这意味着要确保财政调整举措在必要的地方得到充分实施，还要确保不同宏观经济政策的就业和社会影响（见第五章）得到更多关注。在支出方面，维持并加强劳动力市场与社会政策至关重要。在收入方面，扩大课税基础——不大幅增加劳动力和生产性投资的压力——以及进一步强调解决逃税问题的重要性有助于获得其他融资。一些饱受金融危机影响的国家——尤其是美国以及近期的日本——正在采取这些举措。而北欧经济体在20世纪90年代的经历就是一大例证。

其次，快速解决金融系统中尚待解决的低效率问题有利于支持就业与宏观经济目标的实现。阻碍生产性投资的一大重要因素是金融系统未能在分配信贷方面发挥作用，这种状况在小企业中尤其明显。第四章阐述了信贷问题、投资与体面工作之间的关系。该章还着重指出了以更有利于就业的方式采取提升金融职能的政策与监管举措。因此，在可获得数据的30个国家中，只有10个国家出台了针对系统性风险监管机构的条款。

在减少经济与社会不平等方面取得的进展将为持久复苏奠定基础。

多数地区的经济与社会不平等状况依然严重或正在恶化，进而影响了长期复苏前景。

从经济角度来看，指标显示多数国家的盈利能力以及股票市场均出现了复苏。在发达经济体，大型企业持有的现金已达到5万亿美元，而在新兴和发展中国家，这一数字已高达1.4万亿美元，两者均超过了危机前水平。继危机爆发后出现短暂的停顿之后，高管工资再次出现上涨。因此，重要的问题是如何将利润转换成生产性投资，这个问题在发达经济体中尤其明显。包括私人投资、税收举措和加快金融改革在内的公共投资举措对此将有所作用。但是，确保劳动收入与生产力同步增长也会大大推动生产性投资。

小型与大型企业的差距也在扩大。与大型企业相比，小企业的头寸出现恶化。可持续发展的小型企业对银行信贷的依赖性非常高，无法像大型企业那样利用全球化带来的好处。这个问题应得到政策制定者更多的关注。

富裕国家和贫困国家的日益严重或持续的收入差距也影响了社会结构。很多新兴和发展中国家在这方面已经获得了一些进展，但仍需付出更多努力以巩固成果。然而，发达经济体、中欧和东欧以及一些阿拉伯国家的收入不平等状况却在日益恶化。

几乎所有地区的青年和女性都发现要找到与技能或愿景相匹配的工作变得日益艰难。确保近年日益增多的教育机会与青年获得体面工作的机会相匹配，这一点至关重要。这是未来全球面临的一个主要挑战。此外，多数地区的社会动荡风险也在增加。

根据国际劳工组织于2009年采取的《全球就业协议》，要走出全球危机，既要出台短期的复苏举措，又要进行长期改革，以解决导致危机的深层次的不均衡问题。危机结束四年以来，各国从经验中获取的一个教训就是短期复苏举措作为一个符合上述要求的全面改革举措的一部分得到实施时会更为有效。因此，一些拉丁美洲和亚洲国家得以成功推动增长并应对经济与社会不平等状况。

若要按照上述方法重新调整平衡必须克服一些障碍，特别是分配问题，以及政府干预会对竞争力和经济增长带来不利影响的根深蒂固的想法，还有不充分的政策协调，而政策协调在应对税收等问题以及全球总需求疲弱方面可发挥非常重要的作用。重新调整平衡是一个复杂的问题，但是解决该问题会给全球带来新的经济与社会结构。

目　录

各章的图、表及专栏目录

图

第一章

第二章

第三章

第四章

表

专栏

第一章
就业趋势概览与预测

主要研究成果

- 自五年前金融危机爆发以来，全球就业形势一直不均衡，新兴和发展中经济体复苏速度远快于多数发达经济体。在所分析的国家中，有30%的国家的就业率（达到就业年龄且有工作的人口比例）超过危机前水平，37%的国家的就业率已经在过去几年得到复苏，但是尚未恢复至危机前水平，而剩下的33%的国家的就业率却持续下降。就目前的趋势而言，新兴和发展中经济体的就业率将于2015年恢复至危机前水平，而发达经济体则要到2017年以后才能回到危机前水平。

- 从全球范围来看，失业人数将持续增加，除非政策有所改变。预计全球失业人口将于2015年达到2.08亿，本报告发布时，全球失业人口仅稍高于2亿。

- 主要劳动力市场疲软的状况从危机前一直持续至今，或者说已经每况愈下，高增长经济体也是如此。比如，数据表明，过去五年里，60%的发达与发展中经济体的长期失业发生率（失业时间超过12个月的人口占比）均出现上升。

- 此外，很多工作者都开始变得沮丧，不再主动寻找工作。2007—2012年间，所分析的国家中的一大半的劳动参与率都出现下降。在劳动参与率下降1个或多个百分点的国家中，平均有1/4的下降情况源于周期性影响，而余下3/4的下降情况则源于人口的结构性变化。如果那些造成劳动参与率出现周期性下降的人口目前有工作但却被视为失业，那么失业率就会远远超过现有水平。

- 上述这些趋势已在发达经济体和一部分发展中国家，尤其是南欧、南亚和阿拉伯地区，引发了社会紧张，而拉美、撒哈拉以南非洲和部分亚洲地区的动荡风险已经趋缓。第二至五章将探讨政策不作为的后果，并检查可实现更均衡复苏的政策手段。

引言

五年前，金融危机席卷全球；五年后，全球就业形势依然不均衡。目前已有可喜的复苏信号，该信号显示一些国家在2010年就已开始复苏，但全球劳动力市场指标依然没有恢复至危机前水平。在新兴和发展中经济体，劳动力市场已经开始复苏——有些国家的复苏速度非常快。然而，就是这些国家也依然面临挑战，必须确保创造足够多的体面工作以应对快速增加的劳动适龄人口。

在发达经济体中，失业期日趋延长，越来越多的劳动者感到沮丧并退出劳动力市场。这不仅对个人及其家庭造成不利影响，还会让原本稳定的社会陷入动荡之中，因为找到体面工作，改善生活水平的机会已变得遥不可及。

对整体经济增长的各种预测也加重了各界对未来的担忧。国际货币基金组织和联合国经济和社会事务部已经调低了对经济增长的预测。[1] 比如，联合国经济和社会事务部预测，2013 年发达经济体的 GDP 增长估计为 1.1%，比 2012 年 6 月所预测的低 0.7 个百分点。该机构指出，新兴和发展中国家的增长也纷纷放缓，只是跌幅较小。近期经济前景暗淡，欧元区国家尤为如此。2012 年，欧元区的 GDP 增长降低了 0.6%，而近期的预测显示，2013 年欧元区的 GDP 增长将进一步下跌 0.3%，而不是之前所预测的上升 0.1%。[2]

本章分别从全球和地区着手，简要介绍了全球经济危机爆发以来对就业形势产生重要影响的主要劳动力市场的发展趋势。第一节介绍就业与失业趋势并进行预测。第二节分析劳动力市场的结构性变化。第三节则根据社会动荡指数，在上述变化的基础上展望社会前景。第四节介绍了本报告其余部分的结构。

第一节　劳动力市场表现与预测

从全球范围来看，就业率尚未恢复至危机前水平，但不同国家、不同地区的表现截然不同。

全球仍需要创造超过 3000 万个就业岗位才能使就业率恢复至危机前的水平。全球就业率[3]在 2012 年第四季度达到 55.7%[4]，比 2007 年第四季度（即危机爆发前）低 0.9 个百分点，相比危机前的就业率，全球就业岗位减少了 1400 万个。此外，还需为青年创造 1670 万个就业岗位，这

1　国际货币基金组织（2013a）；联合国经济和社会事务部（2013 年）。

2　国际货币基金组织（2013b）。

3　就业率指拥有工作的 15 岁及以上人口在同龄人中的占比。

4　全球就业率指根据现有数据得出的 2012 年第四季度全球 65 个国家的平均就业率。因此，这些数字并不能与以下的预测完全匹配，以下的预测根据一份 94 个国家的样本得出，详见第 3 页脚注②。

些青年在2013年将达到工作年龄，所以今年的全球就业岗位缺口为3070万个。

与全球相比，新兴和发展中经济体[1]的就业形势更为乐观。现有信息表明，2012年，28个国家中有13个国家的就业率超过了危机前水平。在这些国家中，只有4个发展中经济体（牙买加、约旦、摩洛哥和斯里兰卡）的就业率自危机爆发以来一直在下降。在其余11个国家中，就业率出现了某种程度的恢复，但依然未达到危机前水平。

2011年以来，新兴和发展中经济体的就业水平就一直高于危机前的水平（见图1.1，第一组）。总体而言，这些经济体的就业情况受危机的影响较小，但也受到了就业增长放缓的影响。2008—2012年间，这些国家的年均就业率增速为0.9%，同比危机前下降了0.6个百分点。这一增长水平还不足以满足急剧飙升的劳动适龄人口的需求——2008—2012年间，全球劳动适龄人口每年平均以1.4%的速度增长，而且预计2013年全年的增速也是如此。由此看来，所预计的2013年57.6%的就业率[2]要比2007年时的水平下跌整整1个百分点。

新兴和发展中经济体劳动适龄人口的年平均增长预计在2013—2018年间将跌至1.2%，同一时期的就业年平均增长预计将增至2.1%。因此，就业率预计将于2015年恢复至危机前水平。此外，根据目前的增速估算，到2018年，新兴和发展中经济体的就业率将比现有水平高出2.3个百分点。

在发达经济体，特别是欧元区，就业形势更不乐观。在可以获得2012年数据的37个发达经济体中，只有6个经济体（德国、匈牙利、以色列、卢森堡、马耳他和瑞士）的就业率超过了危机前水平。这些经济体中35%的就业率已经上升，但仍未达到危机前水平，而在所分析的发达经济体中，近50%的就业率自危机爆发以来一直在下降。仅在过去两年内，塞浦路斯、希腊、葡萄牙和西班牙的就业率就下降了至少3个百分点。

根据当前的增长预测，发达经济体的就业水平预计将于2014年恢复至危机前水平（图1.1，第二组）。然而，若将劳动年龄人口的增速纳入考量，就业率要到2018年才能恢复至危机前水平。2017年的就业率将达到56.5%，比危机前的最高水平仍低0.1个百分点。未来五年内，发达经济体的就业率年均增速将达到1.3%，而其劳动适龄人口预计将以每年0.5%的速度增长。因此，发达经济体面临着双重挑战，既要弥合现有的就业赤字，还要给将在未来五年内达到就业年龄的2000多万名青年提供就业机会。

---

1 参见附录A列出的所分析的国家及其收入群体。

2 本节所做预测根据估算的就业—产出弹性得出，而就业—产出弹性则通过对危机期间经济增长对就业的影响进行的经济计量分析得出。样本对94个国家进行了分析，其中38个国家为发达经济体，56个为新兴和发展中经济体。联合国经济和社会事务部（2013年）也曾采用相同的方法；参见附录B，了解方法的考量。

图 1.1　2006—2018 年全球劳动适龄人口、总就业和就业率预测

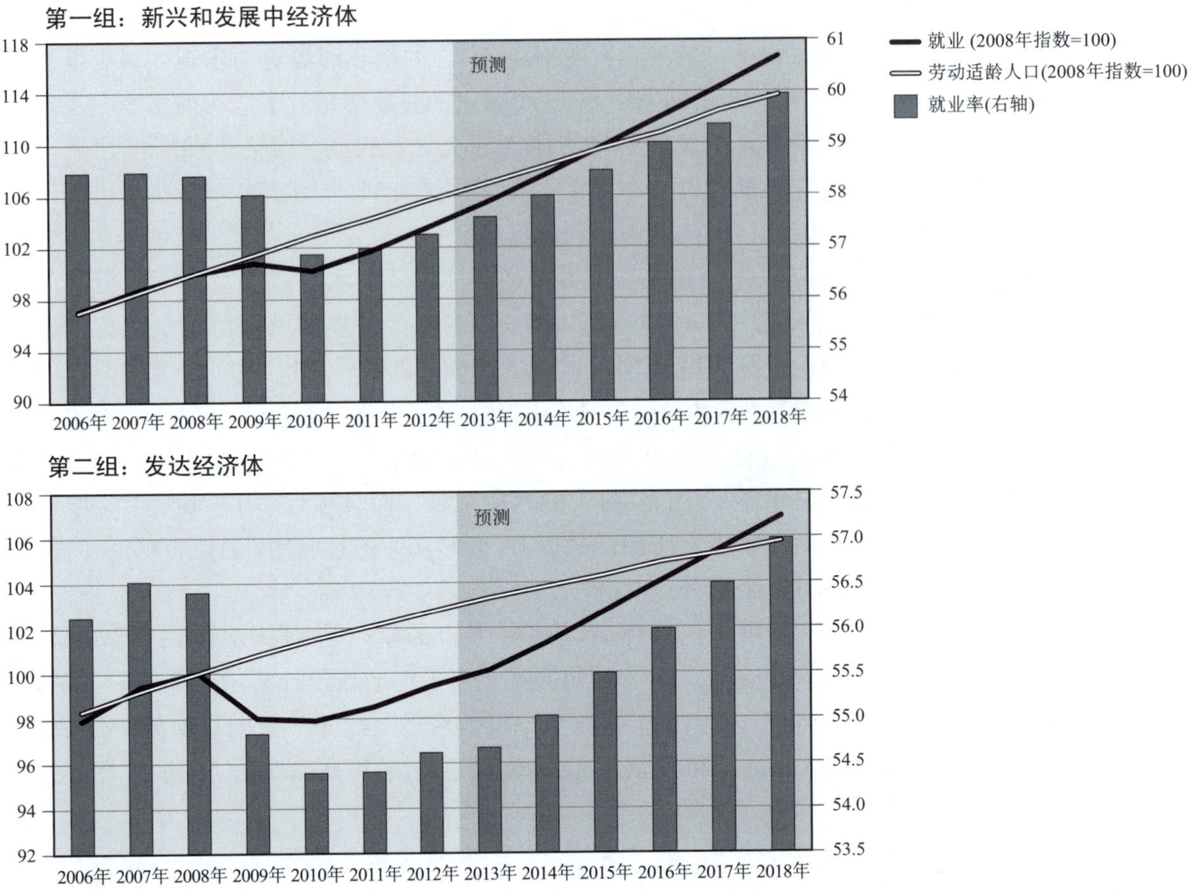

注：就业率指有工作的 15 岁及以上人口在同龄人中的占比。

资料来源：国际劳工研究所根据欧洲统计局、国际劳工组织统计部、各国数据、联合国经济和社会事务部（2011 年）、国际货币基金组织（2013a）的估算。

在不同的劳动力市场表现中，可以根据劳动力市场形势划分出三大类别（图 1.2）：

- 2012 年就业率高于危机前水平的国家：2007—2012 年间，在 65 个公布季度信息的国家中，[1] 有 30% 的国家的就业率在第四季度出现了上升[2]（图 1.2，第一组）。在这些国家中，多数（19 个中有 13 个）都是新兴或发展中经济体。到 2012 年第四季度，这些国家的就业率平均比危机前提高了 2.1 个百分点。在这类国家中，智利和哥伦比亚等国的就业率在 2007—2012 年间能够提高至少 5 个百分点（专栏 1.1）。

1　这些样本国家与进行预测的国家不同，因为只有可以获得最新季度数据的国家才会被纳入考量，而预测则包括了公布年度数据的所有国家。

2　该组国家包括阿根廷、亚美尼亚、巴西、智利、哥伦比亚、多米尼加共和国、德国、匈牙利、以色列、哈萨克斯坦、卢森堡、马耳他、秘鲁、罗马尼亚、俄罗斯联邦、瑞士、泰国、土耳其和乌拉圭。

图 1.2　2007 年、2010 年和 2012 年第四季度就业率（百分比）

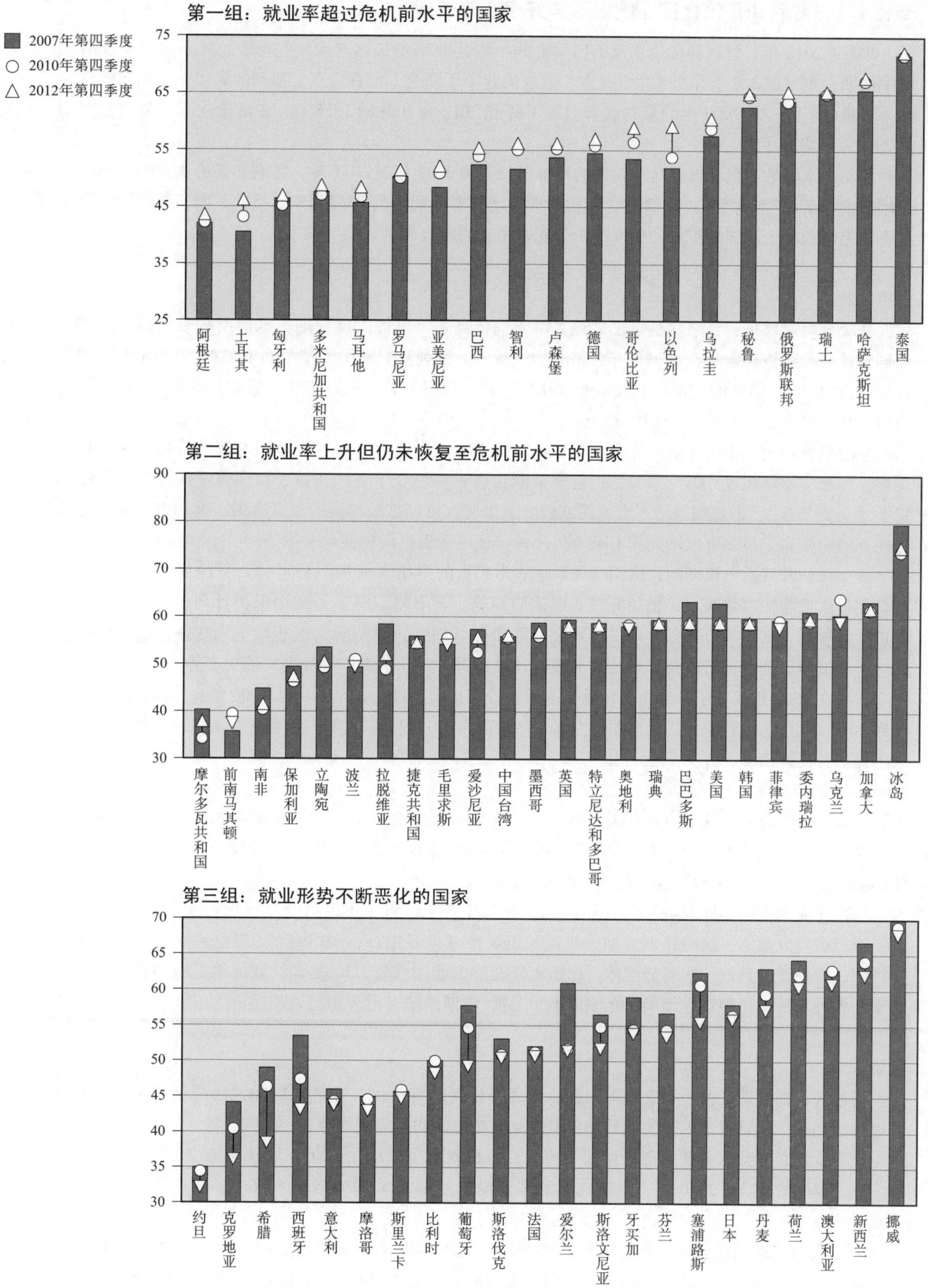

注：就业率指有工作的 15 岁及以上人口在同龄人中的占比。巴巴多斯、毛里求斯、俄罗斯联邦、南非和乌克兰的数据为第三季度数据，斯里兰卡和瑞士的数据为第二季度数据，特立尼达和多巴哥的数据为第一季度数据。

资料来源：国际劳工研究所根据欧洲统计局、国际劳工组织统计部以及各国数据的估算。

专栏1.1　智利和哥伦比亚：就业形势好于全球表现

2007—2012年，智利和哥伦比亚第四季度的年均就业率增长达3.5%。[a] 此外，两国的非经济活动率同期分别下跌3.9个和5.4个百分点，而且失业率下降逾1个百分点。智利的青年失业率在危机后一直稳定下降，从2009年的最高点25.1%下降到2012年9月的15.8%。在哥伦比亚，失业率则从23.7%下降到了21.3%。

劳动力市场的表现可以归功于强劲的经济增长：从2007年到2011年，智利和哥伦比亚的平均增长率分别为3.8%和4.5%；2012年，两国的平均增长率分别为5.5%和4%。然而，两国的就业表现并不能完全归功于经济的扩张，还取决于与就业相关的财政举措。

危机应对

强硬的财政政策：金融危机爆发之前，由于铜价高企，再加上反周期波动的财政政策，智利得以创建社会和经济稳定基金。2008年经济开始放缓时，智利政府利用该基金推出了40亿美元的刺激计划，占2009年GDP的2.3%（Meyers，2012），其中包括7亿美元的基础设施支出以及全球最大铜出口商智利国有企业Codelco的10亿美元。

金融危机期间，哥伦比亚同样采取了各项措施来加强财政政策。尽管该国有着结构均衡的预算准则，即赤字不能超过GDP的1%，但是政策制定者还是整合了各项条款，以增强灵活性。他们制定了“免责条款”，即遇到经济严重放缓或极度衰退时，可以打破均衡的预算准则。根据该条款，哥伦比亚的财政赤字最多可以增加到GDP的1.6%，还可采取反周期波动举措。

社会保护政策：危机期间，两国均采取了非常积极的举措来保护弱势群体。哥伦比亚政府与银行合作提供低余额存款账户，增加低收入群体的存款。政府将该举措与社会保护计划相结合。社会保护计划旨在为贫困人口有条件地提供现金转账服务。如此，他们既为这些原本无法获得金融机构支持的人口争取到了银行支持，还让其在银行开设了200多万个账户（社会发展中心等，2012年）。

智利在2008年实施了养老金系统重大改革，旨在扩大整体覆盖范围：从2008年6月实施改革开始到2010年10月，养老金覆盖范围扩大了38个百分点。智利还实施了其他改革，以为年老和残障人士提供补充性措施，并为妇女提供“母亲津贴”，即每孕育一个孩子即可获得一份“母亲津贴”（Robles，2012年）。

积极的劳动力市场政策：智利失业率超过10%时，政府启用了一笔应急基金，推出紧急就业计划。这是一项短期计划，如果失业率低于10%，则该计划不启动。青年工作者是一个特殊的目标群体，雇佣18—24岁员工的企业将获得一份政府补贴。

哥伦比亚也推出了针对青年的计划。“25万人计划”让青年得以接受高需求行业的职业培训。世界银行的研究显示，这些计划增加了收益和正规性（世界银行，2013年）。哥伦比亚还实施了就业计划，旨在帮助其他一些弱势群体，比如无技能的失业工作者。Jóvenes计划提供了增加参与者受聘率的各种工具，比如就业辅助、在职培训和工资/培训津贴（世界银行，2013年）。

展望未来

通过快速的财政干预、社会政策和就业计划，智利和哥伦比亚在危机期间成功降低了失业率和非经济活动率。尽管就业人数大幅增加，但就业质量方面的挑战依然存在。

在哥伦比亚，虽然劳动力市场得到了改善，但是就业质量却在不断恶化（见第二节，图1.5）。事实上，从2007年到2010年，哥伦比亚的非正规就业率从57.9%增至59.6%，增加了1.7个百分点。

采矿业的健康与安全问题令人担忧，急需解决。2010年，智利发生了一起十分严重的采矿事故，而事故的主要原因是缺乏监管且不合规。事故发生时，只有18位检查员负责监管智利的8000座矿井，但是到2011年，检查员的人数增至45位。2011年，智利政府签署了国际劳工组织的《职业安全与健康公约》（第187号），该公约呼吁采取一致且系统的方法解决职业安全与健康问题。尽管还有很多工作要做，上述做法是朝正确方向采取的正确举措。

[a] 请注意，智利在“2009年劳动力调查”中改变了调查方法，这可能会使就业数据的偏差增大。基于旧的（2007—2009年）及新的（2009—2011年）国家就业调查数据的估算，实际就业增长可能达到2.8%。

- 就业率已开始恢复，但仍未达到危机前水平或在2007—2010年间就业率上升而在2010年后下降的国家：37%的经济体[1]（65个经济体中有24个）：① 就业率在2010—2012年间上升，但幅度较小，不足以恢复至危机前水平；②就业率在2007—2010年间上升而在2010年后下降（图1.2，第二组）。这组国家的组成比较复杂，既有发达经济体（13个），又有新兴和发展中经济体（11个）。

- 危机后就业率不断下降的国家：2007—2012年，在剩下的国家中，有33%的国家（65个国家中有22个）的就业率在第四季度稳步下降[2]（图1.2，第三组）。这组国家主要由发达经济体（18个）组成，其中欧元区国家占到半数以上。总体而言，这类国家在2012年第四季度的就业率比2007年第四季度平均低2.8个百分点。在这组国家中，欧洲国家近两年的就业率就下降了至少3个百分点，尤其是塞浦路斯、希腊、葡萄牙和西班牙。

全球失业率持续上升

失业率依然居高不下。2012年，全球失业率达到5.9%，比危机前的5.4%多0.5个百分点。此外，2011年年末，全球失业率再次开始上升，2012年失业人口增加300多万，达到1.954亿（表1.1）。据预测，今年失业率将增至6%，到2014年，失业人口将达到约2.05亿。求职者人数将继续膨胀，预计到2018年达到2.14亿。

据预测，未来两年，发达经济体、中欧和东南欧（非欧盟）及独联体的失业率将出现下降。随着经济活动的放缓，亚洲的劳动力市场预计将继续疲软。2013—2015年，东亚、东南亚和太平洋地区的总失业人口预计将增长3.3%，而南亚的总失业人口则将增长5.6%。在拉丁美洲和加勒比地区，到2015年，失业人口预计将小幅增至2020万，这主要由于该地区增长疲软和劳动参与率持续上升所致。由于非洲多数地区的增长预计都会放缓，到2015年，撒哈拉以南非洲地区的失业人口预计将增长5.4%，北非地区则将增长4.3%，而在中东地区，失业人口预计将增长5.4%。

---

1 这组国家包括奥地利、巴巴多斯、保加利亚、加拿大、捷克共和国、爱沙尼亚、冰岛、韩国、拉脱维亚、立陶宛、前南马其顿、毛里求斯、墨西哥、菲律宾、波兰、摩尔多瓦共和国、南非、瑞典、中国台湾、特立尼达和多巴哥、乌克兰、英国、美国和委内瑞拉。

2 这组国家包括澳大利亚、比利时、克罗地亚、塞浦路斯、丹麦、芬兰、法国、希腊、爱尔兰、意大利、牙买加、日本、约旦、摩洛哥、荷兰、新西兰、挪威、葡萄牙、斯洛伐克、斯洛文尼亚、西班牙和斯里兰卡。

表 1.1 2007 年、2012 年、2013 年和 2015 年按地区划分的失业情况（百万）

地区	2007 年	2012 年	2013 年	2015 年
全球	169.7	195.4	201.5	207.8
发达经济体	29.1	44.0	45.5	45.3
中欧和东南欧（非欧盟）及独联体	14.3	15.0	15.0	14.9
东亚	31.6	38.4	39.5	40.8
东南亚和太平洋地区	16.4	14.0	14.3	14.8
南亚	25.1	24.8	25.7	27.1
拉丁美洲和加勒比地区	18.3	17.9	18.9	20.2
中东	6.4	8.0	8.3	8.8
北非	6.2	7.4	7.6	8.0
撒哈拉以南非洲	22.2	25.9	26.6	28.0

资料来源：国际劳工组织，《趋势计量经济模型》，2013 年 4 月。

第二节　结构性问题：长期失业、对就业质量的担忧、社会影响

从上述发展可以看出，现有的劳动力市场不均衡问题有可能进一步恶化，因此解决这个问题的难度会增大。本节主要审视当前形势下的几个结构性问题，特别是长期失业、就业质量和社会氛围。

一些国家的长期失业问题正日益恶化……

在表现最好的劳动力市场中，失业率在 2007—2012 年间不断下降，降幅平均达到 1.6 个百分点，而在表现中等和最差的劳动力市场中，失业率平均上升了 2.4 个和 3.9 个百分点（表 1.2）。如果没有员工流出，后两类国家的失业率会更高——2010—2012 年间，表现中等和最差的劳动力市场的非经济活动率分别平均上升了 0.3 个百分点和 0.1 个百分点。从金融危机爆发至 2012 年第四季度，有半数国家的非经济活动率一直在上升。此外，在失业率下降的国家中，有逾 40% 的国家的非经济活动率都出现上升。在这类国家中，立陶宛、冰岛和美国是最好的例证。2010—2012 年间，这三个国家的第四季度失业率均大幅下降，降幅分别为 4.1 个、2.6 个和 1.6 个百分点，而这三个国家的非经济活动率均回升，增幅超过 1 个百分点。

此外，在可以获得数据的国家中，有 75% 的国家的怯志工作者增加（图 1.3）。怯志工作者是指没有工作，但希望找到工作的人（图 1.3）。[1] 2008—2011 年间，怯志工作者人数在不活跃人口中所占的比例平均上升了 0.7 个百分点。非经济活动率上升表示，危机爆发之后，劳动力参与率下降，这可能源于长期人口趋势的变化，或劳动力市场周期疲弱导致的变化（专栏 1.2）。

1　上述数据来自 28 个国家，其中包括 23 个发达经济体和 5 个新兴或发展中经济体。

表 1.2 按就业复苏情况划分的失业率、长期失业发生率和非经济活动率的变化（百分点）

	时间	高于危机前水平的国家（如智利、哥伦比亚、德国、以色列和土耳其）	就业形势好转，但仍未恢复至危机前水平的国家（如冰岛、韩国、南非、美国和英国）	就业形势持续恶化的国家（如希腊、爱尔兰、日本、西班牙和葡萄牙）
失业率	2007—2012 年	−1.6	2.4	3.9
	2010—2012 年	−1.1	−1.1	1.3
长期失业发生率	2007—2012 年	−8.2	13.7	8.2
	2010—2012 年	−2.6	−0.9	3.0
非经济活动率	2007—2012 年	−1.5	1.5	0.6
	2010—2012 年	−0.8	0.3	0.1

注：长期失业发生率指失业时间超过 12 个月的人口在所有失业人口中的占比。

国家分类如图 1.2 所示。国家群组平均数与基于 2010 年购买力平价（PPP）GDP 权重计算的加权平均数相对应。

总体而言，文中数据与第四季度数据相对应。但是，巴巴多斯、毛里求斯、俄罗斯联邦、南非和乌克兰对应第三季度数据，斯里兰卡和瑞士则对应第二季度数据，特立尼达和多巴哥对应第一季度数据。

资料来源：国际劳工研究所基于欧洲统计局、国际劳工组织统计部以及各国数据的估算。

比如，非经济活动率的增加在某种程度上与长期失业人口在总失业人口中的占比上升有关。在 60% 的所分析的国家中，失业时间达到或超过 12 个月的人口比例自 2007 年第四季度起有增无减。[1] 在表现中等及最差的国家中，该比例在 2007 年至 2012 年间的增长特别明显，分别为 13.7 个和 8.2 个百分点（表 1.2）。在爱尔兰和西班牙等一些表现最差的劳动力市场，长期失业率在 2007—2012 年间至少上升了 20 个百分点。此外，波罗的海国家（即爱沙尼亚、拉脱维亚和立陶宛）的长期失业人口比例也急剧上升。

图 1.3 2008—2011 年怯志工作者在非经济活动人口中所占比重的变化（百分点）

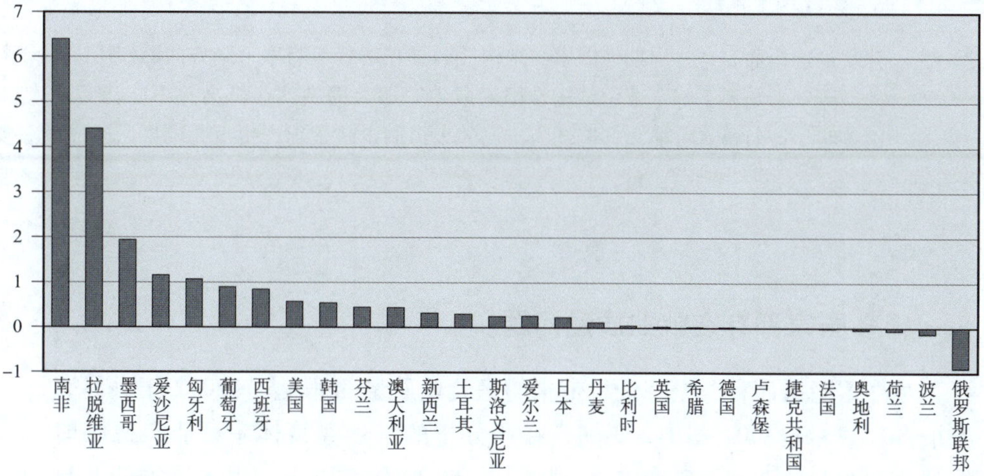

资料来源：国际劳工研究所基于经济合作与发展组织统计数据和国际劳工组织统计部数据的估算。

1 该数据对应可以获得数据的 42 个国家，其中包括 31 个发达经济体以及 11 个新兴或发展中经济体。

专栏 1.2　劳动参与率对经济周期变化的敏感性

2007—2012 年间，在所分析的国家中，半数以上的国家的劳动参与率（即活跃在劳动力市场的劳动适龄人口的比例，包括在职和求职人口）都出现下降。这可能应归咎于两种效应：（1）劳动适龄人口数量的变化（即结构效应）；（2）个人针对劳动力市场形势所做出的决策变化（即周期效应）。

大量研究都将重点放在因老龄化等结构性因素而下降的劳动参与率上。多数实证研究显示，人口年龄分布正逐步上移，趋向年龄更大的人口，这对整体劳动力参与率会产生明显的不利影响（Borsch-Supan，2003 年；Burniaux 等人，2003 年）。可以通过假设人口年龄分布维持 2007 年的水平，推断整体劳动参与率，从而将该效应独立出来。这样，实际劳动参与率与估算的劳动参与率之间的差异就可以衡量因结构因素导致的劳动参与率的变化。[a]根据 Van Zandweghe（2012）的理论，某个特定年份 t 的劳动参与率应为：

$$LFPR_t = S_t^{15-24} \times LFPR_t^{15-24} + S_t^{25-54} \times LFPR_t^{25-54} + S_t^{55+} \times LFPR_t^{55+}$$

$LFPR_t^{15-24}$、$LFPR_t^{25-54}$和 $LFPR_t^{55+}$分别代表 15—24 岁、25—54 岁和 55 岁及以上的劳动参与率。权重 S_t^{15-24}、S_t^{25-54}和 S_t^{55+}分别是三个年龄群在人口中的比例。如果人口年龄分布保持 2007 年的水平，那么参与率应为：

$$LFPR_{t,07} = S_{t,07}^{15-24} \times LFPR_{t,07}^{15-24} + S_{t,07}^{25-54} \times LFPR_{t,07}^{25-54} + S_{t,07}^{55+} \times LFPR_{t,07}^{55+}$$

$S_{t,07}^{15-24}$、$S_{t,07}^{15-24}$和 $S_{t,07}^{55+}$分别代表 2007 年三个年龄群在人口中的占比。$LFPR_t$和 $LFPR_{t,07}$的差异衡量因结构变化而出现的参与率的变化。

将上述方法应用在部分国家（2007—2012 年），可以得出下述结论：

- 在劳动参与率下降最严重的国家中（降幅为 1 个百分点，甚至更多），平均而言，1/4 的下降是周期效应所致，3/4 的下降是人口结构变化（即老龄化）所致。整体而言，如果没有周期效应，劳动参与率将上升 0.3 个百分点（图 1.4，第一组）。
- 尽管如此，周期分量效应在一些国家中要严重得多。在丹麦和美国，周期分量在劳动参与率变化中的占比分别超过 50% 和 40%。此外，如果造成劳动参与率出现周期性下降的人口是劳动人口，但没有工作，那么失业率将大幅上升。事实上，2012 年，部分国家的整体失业率应为 7.4%，而非 6.9%（图 1.4，第二组）。

就政策选择而言，将周期性因素与结构性因素在解释参与率下降方面的作用隔离开来至关重要。比如，如果劳动参与率下降主要由结构性因素所致，那么提供就业机会并不能让劳动人口进入劳动力市场。这表明，针对最有可能离开劳动力市场的人口制定政策会产生重大效果。通过进一步改革，比如向

……很多国家都存在就业质量问题。

对许多国家而言，全球危机带来的是就业质量的恶化。《2012 年世界劳工报告》显示，2007—2012 年间，在所分析的发达经济体中，非自愿临时性就业和兼职就业率上升 80% 和 85% 。[1] 自 2010 年以来，很多国家的非自愿临时性就业和兼职就业人口均出现了上升，而这些国家的就业形势已经

1　国际劳工组织（2012 年）。

年长员工提供额外的工作激励举措、提高青年边工作边学习的意识等等或许可以减少这些人口效应（Burniaux 等人，2003 年）。然而，如果参与率下降主要由周期性因素所致——即劳动力因缺乏就业机会而失业——那么可以预计，工作机会重新出现时，这些劳动力会重新进入劳动力市场。因此，目前急需出台政策促使高质量岗位的创造，以吸纳失业人口以及等待就业形势好转，准备重新进入劳动力市场的人。

受危机影响，劳动参与率将继续出现变化。Duval 等人（2011 年）指出，严重经济衰退的不利影响将在周期性峰值出现后五年内达到最大，而极严重经济衰退的不利影响则需要 5—8 年才能达到最大。另外一个重大问题是，就业形势开始好转时，在早前因危机而失业的人口中，有多少人会重新开始工作。即使经济回暖，长期失业的劳动力会因求职难度增大而变成永久失业人口。其中一些人可能会申请伤残津贴或提早退休（Van Zandweghe，2012 年）。

图 1.4　2007—2012 年受/不受周期效应影响的劳动人口（2007 年指数 = 100）与失业率（百分比）

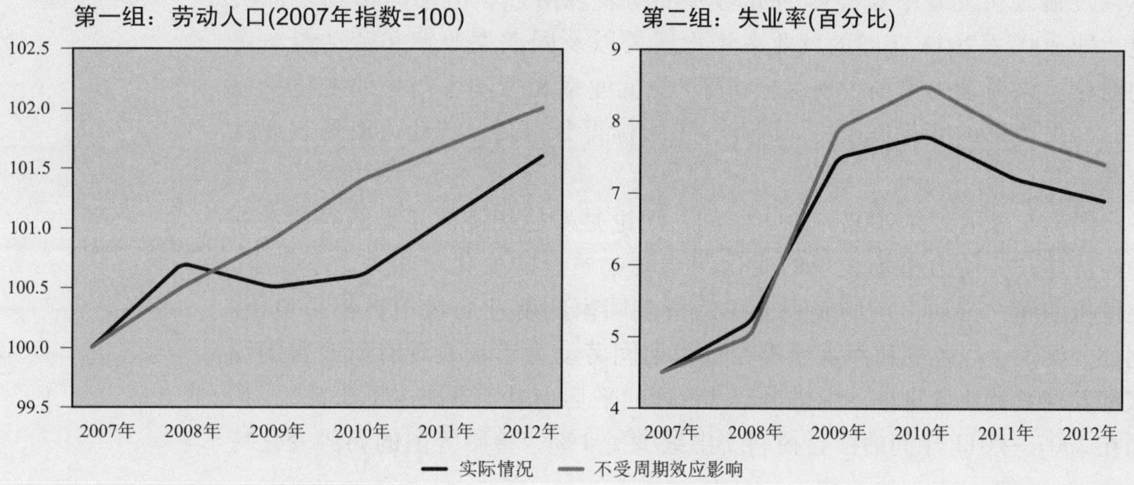

注：分析针对的是 2007—2012 年间劳动参与率至少下降 1 个百分点的国家，即克罗地亚、丹麦、芬兰、意大利、日本、韩国、挪威、葡萄牙、斯洛文尼亚和美国。

资料来源：国际劳工研究所基于经济合作与发展组织统计数据和国际劳工组织统计部的数据的估算。

[a] 劳动参与率的结构变化指因人口年龄分布变化所引起的变化，因此不包括技术变革和职业转变等经济结构变化对劳动力所产生的影响。

好转，出现就业增长迹象。[1] 非自愿临时性就业和兼职就业在整体就业率最佳的劳动力市场的占比分别增长了 1/3 和 1/2。比如，在德国，2010—2011 年间就业率上升了 1.5 个百分点，与此同时，非自愿临时性就业率上升了整整 1 个百分点。[2] 在匈牙利，伴随就业率的上升（2010—2011 年间上升了 0.5 个百分点）的是非自愿兼职就业的比例上升了 4.2 个百分点。

1　就此而言，就业不足（即愿意加班的工作者在整个劳动力中所占的比例）已成为当前危机的一个重要特点。案例请见 Bell 和 Blanchflower（2013 年）。

2　然而，需要注意的是，2005—2011 年间临时性就业向永久性就业转换的比率从 39% 增至 56%（国际劳工组织，2013a）。

在新兴和发展中国家，非正规就业比例依然高企，在可以获得数据的国家中，有2/3的国家的这一比例超过40%。[1]

为了给就业质量表现编制一个单一的指标，本次研究运用了主成分分析法（PCA）[2]。对于发达经济体，采用了2007—2011年间临时工比例的变化[3]、社会福利性支出在总公共支出中占比的变化以及平均小时工资的增长指标；而对于新兴和发展中经济体而言，采用了实际平均工资的增加（2007—2011年）、危机前和危机期间非正规就业率的变化等指标。

在发达经济体，就业质量指标与平均小时收入和社会支出在公共福利中的比例正相关，而与临时员工的比例负相关。[4] 在新兴和发展中经济体，就业质量指标与实际工资的增长正相关，与非正规就业率的变化负相关。[5] 因此，该指标得分高的国家的就业质量也比较高。同样，发达经济体以及新兴和发展中经济体的劳动力市场表现由三项劳动力市场指标决定，即2007—2011年间的就业率年均增长以及同期失业率和劳动参与率的变化。该劳动力市场表现综合指标[6]与就业率和劳动参与率的变化正相关，与失业率的变化负相关。因此，该指标得分越高，劳动力市场表现就越佳。

图1.5显示，在2007—2011年间，无论是发达经济体还是新兴和发展中经济体，劳动力市场表现的变化均与就业质量的变化负相关。事实上，在危机期间，劳动力市场表现上佳的很多国家的就业质量指标都呈负值。比如，德国、以色列和卢森堡等在危机期间劳动力市场表现有所改善的国家都发现其就业质量进一步恶化。以色列的平均小时工资减少了2.5%；德国在2007—2011年间的社会福利支出减少了1%。希腊等国的局势变化特

1 国际劳工组织（2012年）。

2 主成分分析是一个数学过程，旨在将一系列互相关联的变量转换成数目更少的、互不相关的变量，这些变量称为主成分，每一个主成分都是源变量的线性加权组合。

3 就业质量的第一个方面考虑了合同地位和就业稳定性，即发达经济体的标准就业和非标准就业，或者发展中经济体的正规就业和非正规就业。临时性就业是一种非标准就业。尽管如此，如果临时性就业是自愿的，那么较高的临时性就业率并没有问题。就业质量的第二个方面考察了临时工继续留任工作岗位的意愿，即非自愿临时性就业。根据定义，非自愿临时性工作是指工人因无法找到永久性就业岗位而不得不从事此类形式的工作。然而，由于只能获取欧洲国家的非自愿临时性就业的数据，本次分析仅将临时性员工的比例纳入了考量。

4 用以创建综合指标的权重是主成分分析的第一个成分上的因素负荷。第一个成分解释了不同指标间55%的公共方差。在第一个成分中，三个变量（平均小时工资、社会福利的公共支出以及临时员工的比例）的成分负荷分别为0.65、0.48和-0.60。

5 用以创建综合指标的权重是主成分分析的第一个成分上的因素负荷。第一个成分解释了不同指标间75%的公共方差。在第一个成分中，两个变量（平均实际工资、非正规就业在总非农就业中的占比）的成分负荷分别为0.71和-0.70。

6 用以获得劳动力市场表现指标的权重是主成分分析的第一个成分上的因素负荷。第一个成分分别解释了发达经济体以及新兴和发展中经济体不同指标间70%和60%的公共方差。在发达经济体中，第一个成分中的三个变量（就业率、失业率和劳动参与率）的成分负荷分别为0.67、-0.60和0.43；而在新兴和发展中经济体则分别为0.68、-0.36和0.64。

图 1.5　2007—2011 年劳动力市场表现的变化与估算的“就业质量”的变化之间的关系（百分点）

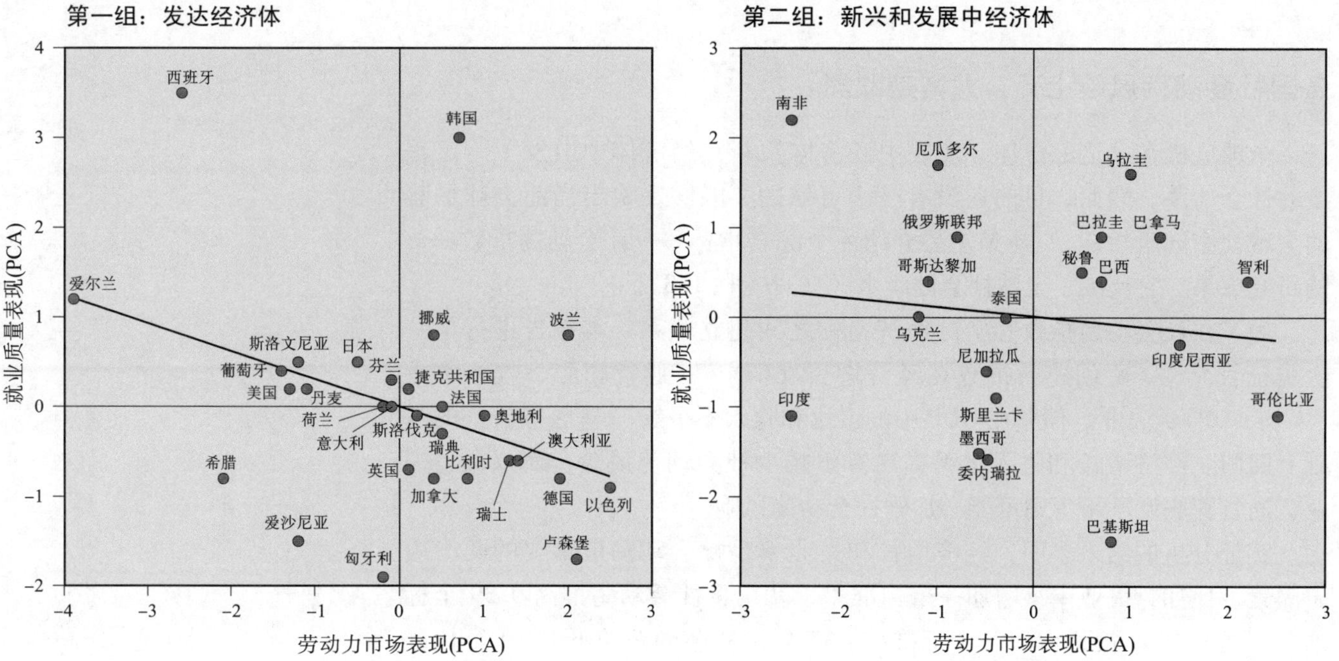

资料来源：国际劳工研究所基于欧洲统计局、国际劳工组织统计部、经济合作与发展组织统计数据、国际劳工组织（2012 年）和经济学人智库（EIU）的数据的估算。

别大，这些国家的劳动力市场在危机期间进一步恶化，同时就业质量也出现下降。2007—2011 年间，希腊临时性就业率上升（增幅为 0.7 个百分点），平均小时工资也骤降（降幅达 8.9%）。在爱尔兰和西班牙，劳动力市场表现恶化，指标显示就业质量得到改善，这主要是临时性岗位的减少所致，详情可参考《2012 年世界劳工报告》[1]。西班牙流失了 130 万个工程领域的岗位，其中多为临时性岗位，而且临时性就业率也从 2007 年的 34.4% 下降到 2011 年的 25.5%。

2007—2011 年间，印度、墨西哥和委内瑞拉等众多新兴和发展中经济体的劳动力市场形势并未好转，就业质量也出现恶化；但还有一些国家，虽然其就业质量恶化，但劳动力市场表现却得到了改善，例如哥伦比亚和巴基斯坦。

1　国际劳工组织（2012 年）。

第三节　社会福祉与社会动荡的最新趋势

各国社会动荡风险上升，尤其是欧洲。

全球危机在发达经济体、发展中经济体及新兴经济体中引发了一定程度的社会动荡。然而，目前还没有一个可靠的、能够反映出当前全球局势的全球社会健康指标。[1] 本节主要介绍一个综合指标——社会动荡指数——的研究成果。它反映了全球社会健康水平（见专栏 1.3）。

为了在社会动荡指数和实际经济指标之间建立联系，本报告进行了一次实证评估。[2] 所创建的指数在经济增长（GDP）、通货膨胀、收入水平（人均 GDP）、失业、债务在 GDP 中的占比和收入不平等（基尼指数）的基础上回归。经济增长和收入水平提高有望减少社会动荡风险，而债务、失业、通货膨胀和不平等则可能会加剧社会动荡风险。

实证分析的结果表明，经济增长和失业率是社会动荡最重要的两个决定因素。比如，失业率每增加一个标准差，就会将社会动荡推高 0.39 个标准差，而 GDP 增长每增加一个标准差，就会将社会动荡拉低 0.19 个标准差。[3] 青年失业率与总失业率一样，都会加剧社会动荡[4]，但是总失业率的影响要比青年失业率的影响更为严重。

与危机爆发前相比，多数经济体的社会动荡都已加剧。更确切地说，2011—2012 年间，在 71 个可以获得数据的经济体中，有 46 个经济体的社会动荡加剧。[5] 欧盟 27 国的社会动荡风险最高——从 2006/2007 年的 34%升至 2011/2012 年的 46%（图 1.6），增幅达到 12 个百分点。在可以获得 2012 年数据的 24 个欧盟成员国中，有 17 个国家的社会动荡风险加剧（增至 70%）。

欧盟成员国社会动荡风险加剧的主要原因是应对当前主权债务危机的政策及其对民生和幸福感的影响。自 2011 年第三季度以来，欧元区的经济一直深陷衰退泥潭，近期的失业率创下 12% 的历史新高，而青年失业率也高达 23.9%。一些欧元区经济体的收入不平等情况进一步恶化（见第二章）。在如此惨淡的经济形势下，社会氛围也十分低迷，越来越多的人认为获得体面工作的机会日益减少，而提高生活水平的机会也日益渺茫。2010—2012 年间，塞浦路斯、捷克共和国、希腊、意大利、葡萄牙、斯洛文尼亚

1　比如，尽管国际劳工组织的罢工和停工数据对衡量工作动荡非常有用，但这些数据却是自行报告的，因此往往不能充分表明没有很强民主传统的国家的实际情况。其他指标也可以衡量社会动荡，比如经济学人智库的社会动荡指数，但是这些指标对发展中国家的机构和政治弱点的权重过高。如欲了解其他社会动荡衡量指标，参见 Khatiwada（2013 年）。

2　本分析中使用了面板数据分析方法，详见附录 C。

3　一般来讲，所有系数对数据统计而言都非常重要。结果请见附录 C。

4　由于总失业率与青年失业率之间存在多重共线性，这两个变量通过不同的方程式得到回归。

5　由于没有拉丁美洲和与加勒比地区 2012 年的数据，样本规模小于前几年。

专栏1.3 创建社会动荡指数

社会动荡分析中所用的数据源自盖洛普世界民意调查，华盛顿特区。之所以选择盖洛普作为国际劳工组织动荡指数的数据来源，很大程度上是因为它拥有广泛的数据：盖洛普世界民意调查的数据涵盖众多国家，不同国家的数据都具可比性，而且还囊括了历年的数据。盖洛普世界民意调查调研了150多个国家和地区的居民，代表全球成年人口（15岁及以上）的98%以上。他们随机抽取能代表国家的样本，一般从每个国家中挑选1000个人。针对人口众多的国家，如中国、印度和俄罗斯联邦，抽样人数可能达到2000个。调查所涵盖的地区涉及整个国家，包括农村地区，但那些调研人员的安全受到威胁、人口稀少、位置偏远、交通工具无法到达的地区除外。抽样对象是整个国家的非机构化的成年民众。

指数中应用了五个变量：

- *对政府的信心*：这一变量衡量公众对政府表现的满意度，包含了公众对政府是否致力于改善公民生活的观点。在财富分配相对均匀的社会，公众往往对政府表现的评价较为积极。
- *生活水平*：该变量衡量公众的家庭生活是否日渐提高，包含了失业和/或就业不足对家庭的影响。该指数包括了认为在特定年份一国生活水平下降的受访者的比例。
- *本地就业市场*：该变量衡量公众如何看待劳动力市场。具体而言，该指数包括了认为目前不是在当地找工作的好时机的一国受访者的比例。
- *生活自由度*：该变量衡量公众对选择生活方式（或者说如何生活）的权利的观点，及其对能否通过民主渠道向政府反映不满的看法。
- *互联网连接*：该变量衡量公众对是否存在能在短时间内召集大量人员的现代通信渠道的看法。虽然该指标显示的百分比越高，风险也越高，但这是所有指数中唯一的一个公众评为“正”的指标。[a]

指数中各个变量的权重各不相同，其中，互联网连接占5%，对政府的信心占35%。该指数的基本设置如下：

$$\text{SU Index}_{i,t}=\sum_{n=1}^{5}\alpha_n x_{i,t};\ 0\leqslant \text{SU Index}_{i,t}\leqslant 1$$

i国在t期间的社会动荡指数相当于i国在t期间的x变量的加权总和。指数得分从0—1不等（0表示动荡风险最低，1表示动荡风险最高）。

[a] 目前有大量有关互联网与社会及政治活动关系的研究，而且这类研究将越来越多；示例详见Friedland和Rogerson（2009年）的文章。然而，即使互联网连接不被纳入考量，整体结果也不会变化。

和西班牙的社会动荡风险的加剧最为严重，而比利时、德国、芬兰、斯洛伐克共和国和瑞典的社会动荡风险却得以减轻。

非欧盟发达经济体的社会动荡风险也已加剧，从2006/2007年的33%增至2011/2012年的36%。中欧和东南欧（非欧盟）及独联体的社会动荡风险从32%升至37%，而同期南亚的动荡风险则从25%升至30%。

通过强大的民主渠道（法治、公民社会、联盟及其他民主机构）让公

图 1.6　社会动荡指数变化：危机前（2006/2007 年）与危机后（2011/2012 年）

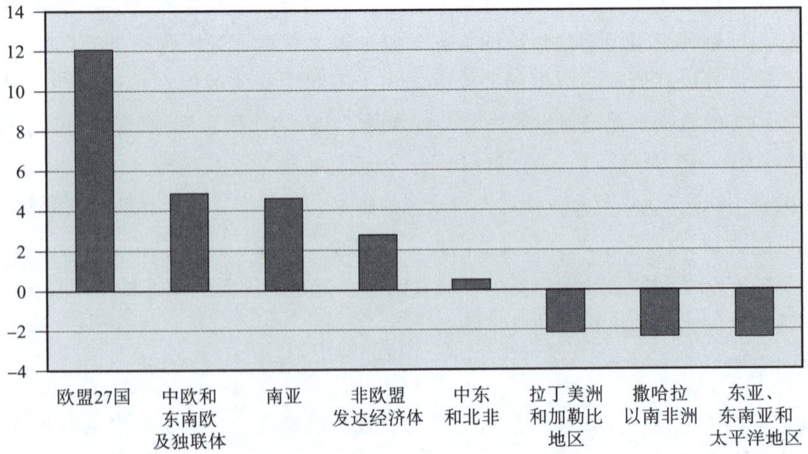

注：该指数的衡量范围从 0 到 100%（或者是 0—1），100% 表示社会动荡风险最高。该图表示动荡风险上升或下降的百分点。图中柱状表示各个地区的平均数。

资料来源：国际劳工研究所基于盖洛普世界民意调查（2013 年）数据的计算。

众表达他们的担忧与不满往往会降低社会动荡风险，这一点非常重要。在一些没有很强民主传统的国家，发生社会动荡的可能性可能高于该指数所衡量出的结果。

中东和北非的社会动荡风险相比危机前有小幅上升，在 2008 年达到峰值之后一直居高不下。2006—2008 年间，中东和北非地区的动荡风险上升了 14 个百分点。这主要受两个因素的影响，即政治自由度有限和就业市场疲软，这两个因素共占社会动荡指数变化量的 40%。尽管阿拉伯之春以来该地区的增长前景已得到改善，但很多国家依然深陷政治斗争之中。可从公众对生活自由度的观点中看出这一点。

撒哈拉以南非洲是同期社会动荡风险降低的地区之一（见图 1.6）。该地区的经济表现颇好——比如，2011 年和 2012 年，该地区 GDP 增长略高于 5%。[1]

在危机前至危机后的这段时间内，东亚、东南亚和太平洋地区以及拉丁美洲和加勒比地区的社会动荡指数风险都出现下降。[2]

1　国际劳工组织（2013b）。

2　同上。

第四节　本报告的结构

本章所介绍的劳动力市场挑战不仅反映了当前存在经济危机的事实，还反映出这是一场受到社会政策影响的危机。有些问题是由金融危机所引发的周期性问题，还有一些则是结构性问题，与人口变化、就业结构变化有关。

接下来的几章将探讨这些趋势对经济和社会产生的影响，以及政策如何加强就业市场回暖、帮助失业率高企或正在攀升的经济体走出危机。第二章重在探讨财富与劳动收入再次出现不均的问题，并将其与中等收入群体的规模联系起来。在很多有数据可循的低收入和中等收入经济体中，中等收入群体十分脆弱；而在可以获得数据的发达经济体中，中等收入群体的规模正在萎缩。第三章重在探讨最低工资的作用，最低工资既可以用作促进低技能工作者获得体面工资的工具，又可以提升总需求，进而有助于促进增长，并使增长再次达到平衡。该章回顾了最低工资、家庭消费和家庭需求之间的联系，探讨了有效的执行机制的作用。该章的分析重点是政策设计的作用，旨在确保这样的工资水平不会起反作用，并达到高水平的合规性。

由于投资模式与劳动力市场结果密切相关，第四章探讨投资在刺激经济和就业增长方面的作用。该章比较了发达经济体的投资减速与投资在发展中经济体和新兴经济体中的重要作用。该章还分析了危机之后的投资模式和公司现金持有量及行政补偿之间的关系。本章建议，推出加强金融业与实体经济联系的各项政策是未来的发展方向。

最后一章（即第五章）提出了一个政策框架，其重点是同时促进经济与就业的增长，以为共同富裕奠定基础。

附录 A

按收入水平划分的国家群组

国家（英文缩写）	收入水平类别*
阿富汗(AFG)	低收入
阿尔巴尼亚(ALB)	下中等收入
阿尔及利亚(DZA)	上中等收入
安提瓜和巴布达(ATG)	上中等收入
阿根廷(ARG)	上中等收入
亚美尼亚(ARM)	下中等收入
澳大利亚(AUS)	高收入
奥地利(AUT)	高收入
阿塞拜疆(AZE)	上中等收入
巴哈马(BHS)	高收入
巴林(BHR)	高收入
巴巴多斯(BRB)	高收入
白俄罗斯(BLR)	上中等收入
比利时(BEL)	高收入
伯利兹(BLZ)	下中等收入
不丹(BTN)	下中等收入
玻利维亚(BOL)	下中等收入
波黑(BIH)	上中等收入
巴西(BRA)	上中等收入
保加利亚(BGR)	上中等收入
柬埔寨(KHM)	低收入
加拿大(CAN)	高收入
智利(CHL)	上中等收入
中国(CHN)	上中等收入
哥伦比亚(COL)	上中等收入
哥斯达黎加(CRI)	上中等收入
克罗地亚(HRV)	高收入
塞浦路斯(CYP)	高收入
捷克共和国(CZE)	高收入
丹麦(DNK)	高收入

国家（英文缩写）	收入水平类别*
吉尔吉斯共和国(KGZ)	低收入
拉脱维亚(LVA)	上中等收入
立陶宛(LTU)	上中等收入
卢森堡(LUX)	高收入
前南马其顿(MKD)	上中等收入
马来西亚(MYS)	上中等收入
马耳他(MLT)	高收入
毛里求斯(MUS)	上中等收入
墨西哥(MEX)	上中等收入
摩尔多瓦共和国(MDA)	下中等收入
蒙古(MNG)	下中等收入
黑山(MNE)	上中等收入
摩洛哥(MAR)	下中等收入
荷兰(NLD)	高收入
新西兰(NZL)	高收入
尼加拉瓜(NIC)	下中等收入
挪威(NOR)	高收入
巴基斯坦(PAK)	下中等收入
巴拿马(PAN)	上中等收入
巴拉圭(PRY)	下中等收入
秘鲁(PER)	上中等收入
菲律宾(PHL)	下中等收入
波兰(POL)	高收入
葡萄牙(PRT)	高收入
罗马尼亚(ROM)	上中等收入
俄罗斯联邦(RUS)	上中等收入
萨摩亚(WSM)	下中等收入
圣马力诺(SMR)	高收入
圣多美和普林西比(STP)	下中等收入
沙特阿拉伯(SAU)	高收入

国家（英文缩写）	收入水平类别*	国家（英文缩写）	收入水平类别*
多米尼加共和国(DOM)	上中等收入	塞尔维亚(SRB)	上中等收入
厄瓜多尔(ECU)	上中等收入	新加坡(SGP)	高收入
埃及(EGY)	下中等收入	斯洛伐克(SVK)	高收入
萨尔瓦多(SLV)	下中等收入	斯洛文尼亚(SVN)	高收入
爱沙尼亚(EST)	高收入	南非(ZAF)	上中等收入
芬兰(FIN)	高收入	西班牙(ESP)	高收入
法国(FRA)	高收入	斯里兰卡(LKA)	下中等收入
格鲁吉亚(GEO)	下中等收入	苏里南(SUR)	上中等收入
德国(DEU)	高收入	瑞典(SWE)	高收入
希腊(GRC)	高收入	瑞士(CHE)	高收入
圭亚那(GUY)	下中等收入	叙利亚(SYR)	下中等收入
洪都拉斯(HND)	下中等收入	中国台湾(TWN)	高收入
中国香港(HKG)	高收入	塔吉克斯坦(TJK)	低收入
匈牙利(HUN)	高收入	泰国(THA)	上中等收入
冰岛(ISL)	高收入	特立尼达和多巴哥 (TTO)	高收入
印度(IND)	下中等收入	突尼斯(TUN)	上中等收入
印度尼西亚(IDN)	下中等收入	土耳其(TUR)	上中等收入
伊朗(IRN)	上中等收入	乌干达(UGA)	低收入
爱尔兰(IRL)	高收入	乌克兰(UKR)	下中等收入
以色列(ISR)	高收入	英国(GBR)	高收入
意大利(ITA)	高收入	美国(USA)	高收入
牙买加(JAM)	上中等收入	乌拉圭(URY)	上中等收入
日本(JPN)	高收入	乌兹别克斯坦(UZB)	下中等收入
哈萨克斯坦(KAZ)	上中等收入	委内瑞拉(VEN)	上中等收入
韩国(KOR)	高收入	越南(VNM)	下中等收入

*收入类别是按照世界银行国家分类的人均国民收入（GNI）来划分的，见http://data.worldbank.org/about/country-classifications/ country-and-lending-groups。高收入国家是指人均国民收入达到12476美元或以上的国家；上中等收入国家是指人均国民收入在4036—12475美元之间的国家；下中等收入国家是指人均国民收入在1026—4035美元之间的国家；低收入国家是指人均国民收入为1025美元或以下的国家。

发达经济体归入高收入国家类别之中，新兴经济体归入上中等收入经济体类别之中，而发展中经济体归入下中等收入经济体类别之中。

附录 B
金融危机对就业的影响：实证分析

本章第一节预测了 2013—2018 年的就业情况。这些预测的基础是产出—就业弹性。产出—就业弹性是根据既往的危机期间产出与就业增长之间的短期关系进行计量经济分析估算得出的。[1]

奥肯（1962 年）记录了劳动力市场结果和产出之间的短期关系，被称为奥肯法则。实证研究肯定了多数经济体中就业率与 GDP 之间的确存在一种相对稳定的关系（Ball 等人，2013 年）。就业—产出弹性的概念是一种总结经济增长的就业强度的简便方法，而且研究发现这个概念对确定增长门槛非常有用，在这一门槛上，创造就业机会变得至关重要（Islam 和 Nazara，2000 年）。

该项分析在三组 100 个按收入水平划分的国家的基础上，采用了横断面时间序列计量经济模式，这些国家既往曾遭受过危机，而且可以获得大量的历史时间序列数据。[2] 就业数据来源于国际劳工组织的《劳动力市场关键

---

1 之所以仅估算危机期间的产出—就业弹性，目的是将这一过去的关系与当前危机期间劳动力市场结果与产出的短期关系尽可能联系起来。这个关系就是估算的就业弹性，旨在衡量就业—GDP 曲线的倾斜度。重要的是，出现结构性变化时，曲线的倾斜度和截面都会变化，所以必须估算具有相似宏观经济特征的特定时间的就业弹性（Islam 和 Nazara，2000 年）。尽管如此，本分析还是估算了 1980—2011 年的长期就业弹性。在发达经济体和新兴经济体中，估算的长期弹性要比危机期间估算的弹性低 10%，而在发展中经济体中则要高近 14%。

2 危机次数是在 Laeven 和 Valencia 的文章（2012 年）的基础上得以确认的。[t，t + 3] 期间的就业数据和 GDP 数据是通过收集得到的，t 代表危机的起始年份。本分析将下述国家和危机纳入了考量：

发达经济体：澳大利亚，1989—1992 年；奥地利，1980—1983 年和 2008—2011 年；巴哈马，1991—1993 年、2002—2005 年和 2007—2011 年；巴林，1993—1996 年；巴巴多斯，1980—1983 年、1989—1992 年、2000—2003 年和 2008—2011 年；比利时，1980—1983 年、1992—1995 年和 2008—2011 年；加拿大，1981—1984 年和 2008—2011 年；克罗地亚，2008—2011 年；塞浦路斯，2008—2011 年；捷克共和国，1996—1999 年和 2008—2011 年；丹麦，1987—1990 年、1992—1995 年和 2007—2011 年；爱沙尼亚，1992—1995 年和 2007—2011 年；芬兰，1991—1994 年和 2008—2011 年；法国，1992—1995 年和 2007—2011 年；德国，1981—1984 年、1992—1995 年、2002—2005 年和 2008—2011 年；希腊，1980—1983 年、1986—1989 年、1992—1995 年和 2007—2011 年；中国香港，1997—2000 年和 2008—2011 年；匈牙利，1991—1994 年和 2008—2011 年；冰岛，1990—1993 年和 2008—2011 年；爱尔兰，1982—1985 年和 2007—2011 年；以色列，2000—2003 年；意大利，1992—1995 年、2002—2005 年和 2007—2011 年；日本，1997—2000 年和 2007—2011 年；韩国，1997—2000 年；卢森堡，2008—2011 年；马耳他，2000—2003 年和 2008—2011 年；荷兰，1980—1983 年和 2008—2011 年；新西兰，1982—1985 年、1990—1993 年和 2007—2011 年；挪威，1991—1994 年和 2007—2011 年；波兰，1980—1983 年和 1989—1992 年；葡萄牙，1983—1986 年、1992—1995 年、2002—2005 年和 2007—2011 年；圣马力诺，2007—2010 年；沙特阿拉伯，1998—2001 年；新加坡，1997—2000 年和 2008—2011 年；斯洛伐克，1998—2001 年和 2008—2011 年；斯洛文尼亚，1992—1995 年和 2008—2011 年；西班牙，1992—1995 年和 2008—2011 年；瑞典，1991—1994 年和 2007—2011 年；瑞士，1990—1993 年和 2008—2011 年；中国台湾，2000—2003 年和 2008—2011 年；特立尼达和多巴哥，1982—1985 年、1986—1989 年、1991—1994 年和 2008—2011 年；英国，1990—1993 年、2007—2011 年；美国，1990—1993 年和 2007—2011 年。

指标》数据库（国际劳工组织，2011 年），而实际 GDP 数据则来源于国际货币基金组织的《世界经济展望》数据库（国际货币基金组织，2013a）。GDP 数据采用定值本地货币单位表示。

就业—产出弹性是根据 Escudero（2009 年）为三个国家群组开发的方法估算出来的，这三个群组分别是发达经济体、新兴经济体和发展中经济体。以下是为每一个国家群组进行独立估算所用的方程式：

$$\ln e_{it} = \alpha + \beta_{it} \ln y_{it} + \varepsilon_{it}$$

（e_{it}）表示 t 时间内的就业水平，而 y_{it} 表示 t 时间内的实际 GDP。

分析结果见表 1B. 1。这个模型是在奥斯曼检验结果得出之后使用具有随机效应的广义最小二乘估计估算而来的，奥斯曼检验结果支持广义最小二乘估计量。广义最小二乘估计还有一个优势，因为这可以让估计量根据组间异方差调整——组间异方差通过修正的沃尔德检验测试得出。如表 1B. 1 所示，这些检验开始之后，所有系数均维系在明显的较高水平。此外，在估算系数绝对值不变的前提下，利用不同估算方法和稳健性检验重新进行回归计算，从而给出了估计结果的置信区间。

估算的就业—产出弹性与实证研究的结果一致。平均而言，新兴经济体和发展中经济体中就业与产出的关系弱于发达经济体。事实上，实证研究表明，就业弹性与经济的结构性特征（例如非正规性和产品市场灵活度）负相关（国际货币基金组织，2012 年），这削弱了新兴和发展中经济体中就业—产出的关系。

新兴经济体：阿尔及利亚，1990—1993 年；安提瓜和巴布达，2000—2003 年和 2008—2011 年；阿根廷，1980—1983 年、1989—1992 年、1995—1998 年和 2001—2004 年；阿塞拜疆，1995—1998 年；白俄罗斯，1995—1998 年；波黑，2008—2011 年；巴西，1990—1993 年、1994—1997 年和 2008—2011 年；保加利亚，1996—1999 年和 2008—2011 年；智利，1981—1984 年和 2007—2011 年；中国，1998—2001 年；哥伦比亚，1982—1985 年和 1998—2001 年；哥斯达黎加，1987—1990 年、1994—1997 年和 2008—2011 年；多米尼加共和国，2003—2006 年；厄瓜多尔，1998—2001 年；牙买加，1996—1999 年和 2007—2011 年；哈萨克斯坦，1993—1996 年；拉脱维亚，1995—1998 年和 2007—2011 年；立陶宛，1995—1998 年和 2008—2011 年；前南马其顿，2008—2011 年；马来西亚，1997—2000 年和 2008—2011 年；墨西哥，1994—1997 年和 2008—2011 年；巴拿马，1988—1991 年；罗马尼亚，1990—1993 年和 2008—2011 年；俄罗斯联邦，1998—2001 年和 2008—2011 年；南非，2008—2011 年；苏里南，1991—1994 年；泰国，1983—1986 年和 2008—2011 年；突尼斯，1997—2000 年和 2010—2011 年；土耳其，1982—1985 年、2000—2003 年和 2008—2011 年；乌拉圭，1981—1984 年和 2002—2005 年；委内瑞拉，1994—1997 年和 2008—2011 年。

发展中经济体：亚美尼亚，1994—1996 年和 2008—2011 年；伯利兹，2008—2011 年；玻利维亚，1986—1989 年和 1994—1997 年；埃及，1980—1983 年；萨尔瓦多，1989—1992 年和 2008—2011 年；格鲁吉亚，2008—2011 年；圭亚那，2002—2005 年；洪都拉斯，1981—1984 年、1993—1996 年、1998—2001 年和 2008—2011 年；印度，1993—1996 年；印度尼西亚，1997—2000 年；吉尔吉斯共和国，1995—1998 年、2001—2005 年和 2006—2010 年；摩尔多瓦共和国，1993—1996 年、1997—2000 年和 2008—2011 年；蒙古，2008 年；摩洛哥，1991—1993 年和 1994—1997 年；尼加拉瓜，1990—1993 年、2000—2003 年和 2008—2011 年；巴拉圭，1998—2001 年、2008—2011 年；菲律宾，1983—1986 年、1990—1993 年和 1997—2000 年；萨摩亚，1980—1983 年、1990 年和 1998—2000 年；圣多美和普林西比，1991—1993 年；叙利亚，1983—1984 年、1997—1999 年和 2002—2005 年；塔吉克斯坦，1993—1996 年；乌干达，1994—1997 年；乌克兰，1993—1996 年、1998—2001 年和 2008—2011 年；乌兹别克斯坦，1993—1996 年；越南，1997—2000 年。

表 1B.1　回归结果

	在就业中的占比		
	发达经济体	新兴经济体	发展中经济体
在实际 GDP 中的占比	0.5526*** (0.008)	0.3329*** (0.021)	0.2783*** (0.008)
恒定值	4.89*** (0.043)	6.55*** (0.099)	6.67*** (0.030)
观察值	360	202	150
国家数目	43	32	25
危机数量	92	54	47

注：标准误差用括号表示。显著程度：** 5%，*** 1%

有关每个国家群组中的国家，请详见附录 A。

就业预测是通过从国家层面将每个国家群组的就业弹性应用于国际货币基金组织《世界经济展望》（国际货币基金组织，2013a）中提出的 GDP 增长预测得出的（2012 年以后的预测数据）。就业率是在联合国人口司（联合国经济和社会事务部，2011 年）对劳动适龄人口预测的基础上得出的。从这个意义上来说，就业率最先按国家计算，然后又按收入群体再次计算。

附录 C
社会动荡的决定因素

本章的分析重在探讨 2006—2012 年间社会动荡的决定因素。为此，该分析采用了面板数据，信息涵盖 100 个国家。社会动荡指标（即本模式的因变量）利用盖洛普世界民意调查的五个变量计算得出（见表 1C.1）。所构建的社会动荡指数在经济增长（GDP）、通货膨胀、收入水平（人均 GDP）、失业率、债务在 GDP 中的占比以及收入不平等（基尼指数）的基础上回归。经济增长和收入水平提高有望降低社会动荡风险，而债务、失业率、通货膨胀和不平等则可能会加剧社会动荡的风险。

由于总失业率与青年失业率之间存在共线性问题，这两个变量分别利用下述的特规方程式进行估算：

$$SU_{it} = \alpha_i + \lambda_t + \beta_1 UT_{i,t} + \beta_2\ GDP_{i,t} + \beta_3\ GDPpc_{i,t} + \beta_4 GINI_{i,t} + \beta_5 Debt_{i,t} + \beta_6 Infl_{i,t} + \varepsilon_{it} \quad (1)$$

$$SU_{it} = \alpha_i + \lambda_t + \beta_1 YUT_{i,t} + \beta_2\ GDP_{i,t} + \beta_3\ GDPpc_{i,t} + \beta_4 GINI_{i,t} + \beta_5 Debt_{i,t} + \beta_6 Infl_{i,t} + \varepsilon_{it} \quad (2)$$

其中，i 和 t 是横截面和时间后缀；SU 是社会动荡得分；UT 代表总失业率，YUT 是青年失业率；GDP 是实际 GDP 增长率；GINI 是基尼系数；Debt 是公共债务在 GDP 中的占比；Infl 代表通货膨胀；α_i和 λ 代表国家和时间固定效应；ε_{it}代表正常分布的误差项。

结果表格中的所有回归数据包括了时间固定效应，以便解释在同一时期让所有经济体震惊的全球事件；尤其是为了涵盖 2008 年爆发的金融危机。此外，方程式 1 和 2 中包括了地区虚拟变量，这是为了解释因文化不同引起的部分地区的社会动荡风险更高这个事实。在方程式 3 至方程式 6（在表

表 1C.1　社会动荡计分中各个变量的权重

变量	问与答	权重
对政府的信心	在这个国家中，您对下述各种情况都有信心吗？对该国的政府呢？答：没有。	0.35
生活水平	您认为您目前的生活水平是提高了还是下降了？答：下降。	0.2
生活自由度	您对在这个国家选择生活方式的自由度感到满意还是不满意？答：不满意。	0.2
本地就业市场	鉴于当地目前的就业形势，您认为现在是在当地找工作的好时机还是不利时机？答：不是好时机。	0.2
互联网连接	您家能连接互联网吗？答：能。	0.05

表 1C.2　变量与资料来源

变量	定义	资料来源
社会动荡	见专栏 1.3 和表 1C.1	国际劳工研究所基于盖洛普世界民意调查的数据
增长	以美元计的不变价格所衡量的 GDP 增长率	《世界发展指标》
通货膨胀	通货膨胀、消费物价（年百分比）	《世界发展指标》
人均 GDP	人均 GDP（以 2000 年定值美元计）	《世界发展指标》
失业	失业率（百分比）。失业率指没有工作、正在找工作并且随时可以工作的劳动力的比例	国际劳工组织《劳动力市场关键指标》数据库
青年失业	青年失业率（百分比）针对 15—24 岁的青年	《劳动力市场关键指标》
基尼系数	基尼系数是一个基于洛伦兹曲线得出的不平等指标。具体而言，数值为 0 的基尼系数表示完全平等，而数值为 100 则表示完全不平等。本分析中使用了在五年窗口期内该变量的移动平均数。	国际劳工研究所基于《世界发展指标》的计算
债务	公共债务在 GDP 中的占比	国际货币基金组织，《世界经济展望》

1C.3 和表 1C.4 中用列数表示）中，分析期间变化很小或没有变化的国家特征（比如宗教、文化和发展等）都通过国家固定效应得以控制。最后，方程式 5 和 6 利用标准系数（即贝塔系数）得出结果，以评价不同社会动荡决定因素对经济发展的相对重要性。

由于基尼系数指标存在很大的数据限制，通过将该变量单列出来，对该模型进行估算（见表 1C.4）。由于在 2006—2012 年间，多数国家只有 1 年或 2 年的不平等数据，因此使用了基尼系数指标五年的移动平均数（这增加了观察值的数量）。数据源自欧洲统计局、国际劳工研究所（以盖洛普数据为基础）、国际劳工组织《劳动力市场关键指标》、世界银行和国际货币基金组织（见表 1C.2）。

表 1C.3 社会动荡的决定因素（2006—2012 年）

	1	2	3	4	5	6
					贝塔系数	
	总失业	青年失业	总失业	青年失业	总失业	青年失业
通货膨胀（t-1）	-0.0024* [0.0013]	-0.0024* [0.0014]	0.001 [0.0017]	0.002 [0.0018]	0.041 [0.0635]	0.071 [0.0700]
人均 GDP（t-1）	-0.0000*** [0.0000]	-0.0000*** [0.0000]	0 [0.0000]	0 [0.0000]	-0.047 [0.6917]	-0.4 [0.6896]
GDP 增长（t-1）	-0.0095*** [0.0014]	-0.0101*** [0.0015]	-0.0047*** [0.0016]	-0.0058*** [0.0014]	-0.1901*** [0.0662]	-0.2338*** [0.0576]
政府债务总额（占 GDP 的百分比）（t-1）	0.0006*** [0.0002]	0.0006*** [0.0002]	0.0004# [0.0002]	0.0003** [0.0001]	0.1170# [0.0731]	0.0912** [0.0414]
失业（t-1）	0.0027*** [0.0009]		0.0091*** [0.0023]		0.3876*** [0.0969]	
青年失业（t-1）		0.0019*** [0.0005]		0.0046*** [0.0011]		0.3909*** [0.0942]
中欧和东南欧及独联体	-0.003 [0.0177]	0.002 [0.0175]				
东亚、东南亚和太平洋地区	-0.2339*** [0.0184]	-0.2111*** [0.0201]				
拉丁美洲和加勒比地区	-0.0756*** [0.0157]	-0.0727*** [0.0169]				
中东和北非	-0.1476*** [0.0290]	-0.1393*** [0.0296]				
南亚	-0.0874*** [0.0249]	-0.0749** [0.0295]				
撒哈拉以南非洲	-0.1062*** [0.0221]	-0.0992*** [0.0247]				
恒定值	0.4940*** [0.0250]	0.4310*** [0.0221]	0.3119*** [0.0829]	0.3553*** [0.0958]	-0.2230*** [0.0840]	-0.126 [0.1294]
观察值	428	353	428	353	428	353
决定系数	0.482	0.487	0.268	0.357	0.268	0.357
年份固定效应	是	是	是	是	是	是
地区固定效应	是	是	否	否	否	否
国家固定效应	否	否	是	是	是	是
国家代号			100	88	100	88

稳健标准误差用括号表示。

*** $p < 0.01$, ** $p < 0.05$, * $p < 0.1$, # $p < 0.15$

结论

实证分析结果表明，经济增长和失业率是决定社会动荡的两个最重要的因素。比如，失业率每增加一个标准差，就会将社会动荡推高 0.39 个标准差，而 GDP 增长每增加一个标准差，就会将社会动荡拉低 0.19 个标准差（表 1C.3）。同时，青年失业率与总失业率一样，都会加剧社会动荡（0.39 个标准差）。公共债务（在 GDP 中的占比）越高，社会动荡风险就越高，但是这一效应不及失业率与 GDP 增长对社会动荡的影响严重（表 1C.3）。

表 1C. 4　社会动荡的决定因素（2006—2012 年）—— 基尼指数

	1	2	3	4	5	6
					贝塔系数	
	总失业	青年失业	总失业	青年失业	总失业	青年失业
基尼指数（t-1）	-0. 0031 *** [0. 0009]	-0. 0046 *** [0. 0010]	0. 0058 * [0. 0032]	0. 004 [0. 0043]		
均等净收入中位数（t-1）					0. 0000 ** [0. 0000]	0. 0000 ** [0. 0000]
通货膨胀（t-1）	-0. 0031 ** [0. 0012]	-0. 0042 *** [0. 0012]	-0. 001 [0. 0015]	-0. 000 [0. 0019]	0. 0109 *** [0. 0034]	0. 0098 *** [0. 0030]
GDP 增长（t-1）	-0. 0096 *** [0. 0015]	-0. 0095 *** [0. 0019]	-0. 0058 *** [0. 0017]	-0. 0069 *** [0. 0022]	-0. 0059 ** [0. 0024]	-0. 0057 ** [0. 0023]
政府负债总额（占 GDP 的百分比）（t-1）	0. 000 [0. 0001]	0. 000 [0. 0001]	0. 0002 ** [0. 0001]	0. 0002 *** [0. 0001]	0. 001 [0. 0008]	0. 001 [0. 0009]
失业（t-1）	0. 0028 *** [0. 0011]		0. 0047 * [0. 0028]		0. 0132 *** [0. 0033]	
青年失业（t-1）		0. 0020 *** [0. 0006]		0. 002 [0. 0016]		0. 0063 *** [0. 0014]
中欧和东南欧及独联体	0. 002 [0. 0270]	0. 022 [0. 0271]				
东亚、东南亚和太平洋地区	-0. 2063 *** [0. 0301]	-0. 1644 *** [0. 0323]				
拉丁美洲和加勒比地区	-0. 013 [0. 0322]	0. 018 [0. 0346]				
中东和北非	-0. 1330 *** [0. 0439]	-0. 0952 ** [0. 0443]				
南亚	-0. 0527# [0. 0327]	-0. 027 [0. 0352]				
撒哈拉以南非洲	-0. 046 [0. 0371]	0. 020 [0. 0423]				
恒定值	0. 5592 *** [0. 0426]	0. 5753 *** [0. 0451]	0. 091 [0. 1793]	0. 194 [0. 2522]	0. 083 [0. 2321]	0. 159 [0. 2356]
观察值	251	184	251	184	149	149
决定系数	0. 534	0. 561	0. 248	0. 3	0. 645	0. 641
年份固定效应	是	是	是	是	是	是
地区固定效应	是	是	否	否	否	否
国家固定效应	否	否	是	是	是	是
国家代号			61	51	32	32

稳健标准误差用括号表示。

*** $p < 0.01$, ** $p < 0.05$, * $p < 0.1$, # $p < 0.15$

实证分析涵盖了各个地区，以解释因地缘政治的差别引起的某些地区的社会动荡风险更高这个事实。事实上，即使通货膨胀、经济增长、人均 GDP、债务和失业率都被纳入考量，不同地区的社会动荡情况也各不相同。本分析中作为参考地区的发达经济体的平均社会动荡指数最高。在发达经济体中，相较于北美及其他非欧盟发达经济体，欧洲面临社会动荡的风险更高。东亚、东南亚和太平洋地区是最不可能出现社会动荡的 24 个地区之一（见表 1C. 3 的方程式 1 和 2）。

参考文献

Ball, L.; Leigh, D.; Loungani, P. 2013. *Okun's Law: Fit at 50?*, IMF Working Paper WP/13/10 (Washington, DC, International Monetary Fund).

Bell, D; Blanchflower, D. 2013. "Underemployment in the UK revisited", in *National Institute Economic Review*, Vol. 224, No.1, pp. F8–F22.

Börsch-Supan, A. 2003. "Labour market effects of population aging", in *Labour*, Vol. 17, No.1, pp. 5–44.

Burniaux, J.M.; Duval, R.; Jaumotte. F. 2003. *Coping with ageing: A dynamic approach to quantify the impact of alternative policy options on future labour supply in OECD countries*, Economics Department Working Papers No. 371 (Paris, OECD).

Center for Social Development; Institute for Statistical, Social, and Economic Research; Kenya Institute for Public Policy Research and Analysis; New ERA; and Universidad de los Andes. 2012. *Youth-related policies*, Research Brief 12-15 (St. Louis, MO).

Duval, R.; Eris, M.; Furceri, D. 2011. *The effects of downturns on labour force participation: Evidence and causes*, Economics Department Working Paper No. 875 (Paris, OECD).

Escudero, V. 2009. *Effects of the crisis on the financial sector: Trends and policy issue*, Discussion Paper No. 197 (Geneva, International Institute for Labour Studies).

Friedland, J.; Rogerson, K. 2009. *How Political and Social Movements Form on the Internet and How They Change Over Time*, Institute for Homeland Security Solutions, Literature Review. Available at: http://sites.duke.edu/ihss/files/2011/12/IRW-Literature-Reviews-Political-and-Social-Movements.pdf.

Gallup World Poll, 2013. Gallup World View, Gallup Inc, (Omaha, NE, Gallup). Available at: https://worldview.gallup.com/signin/login.aspx?ReturnUrl=/

International Labour Organization (ILO). 2013a. *Report of the Director-General: Jobs, growth and social justice*, 9th European Regional Meeting, Oslo 8–11 April 2013 (Geneva).

—. 2013b. *Global Employment Trends 2013: Recovering from a second jobs dip* (Geneva, International Labour Office).

—. 2012. *World of Work Report 2012: Better jobs for a better economy* (Geneva, International Institute for Labour Studies).

—. 2011. *Key Indicators of the Labour Market (KILM)*, 7th edition (Geneva, International Labour Office).

International Monetary Fund (IMF). 2013a. *World Economic Outlook 2013: Hopes, realities, risks* (Washington, DC).

—. 2013b. *World Economic Outlook Update: Gradual upturn in global growth during 2013* (Washington, DC).

—. 2012. *World Economic Outlook Update: Coping with high debt and sluggish growth* (Washington, DC).

Islam, I.; Nazara, S. 2000. *Estimating employment elasticity for the Indonesian economy*, Technical Note on the Indonesian Labour Market (Jakarta, ILO).

Khatiwada, S. 2013. *Social unrest index: An overview*, IILS Discussion Paper, No. 215, forthcoming, (Geneva, International Institute for Labour Studies).

Laeven, L.; Valencia, F. 2012. *Systematic banking crises database: An update*, IMF Working Paper WP/12/163 (Washington, DC, International Monetary Fund).

Meyers, P. 2012. *Chile: political and economic conditions and U.S. relations* (Washington, DC, Congressional Research Service).

Okun, A.M. 1962. "Potential GNP: Its measurement and significance", in *Proceedings of the Business and Economics Statistics Section of the American Economic Association* (Alexandria, VA, American Statistical Association). Available at: http://cowles.econ.yale.edu/P/cp/p01b/p0190.pdf [22 Apr. 2013].

Robles, C. 2012. *Social protection systems in Latin America and the Caribbean: Chile* (Santiago, United Nations).

United Nations, Department of Economic and Social Affairs, Population Division (UN-DESA). 2013. *World Economic Situation and Prospects 2013* (New York, United Nations).

—. 2011. *World Population Prospects: The 2010 revision* (New York, United Nations).

Van Zandweghe, W. 2012. "Interpreting the recent decline in labor force participation", in *Economic Review*, first quarter, pp. 5–34.

World Bank. 2013. *Youth employment programs: An evaluation of World Bank and IFC support*, (Washington, DC).

第二章
世界范围内的收入分配和中等收入群体

主要研究成果

- 大部分存在可用数据的新兴和发展中经济体的收入不平等状况得到了改善。随着贫困率的降低，上述国家中等收入群体有所扩大。与此同时，进一步的研究发现所谓的“改善”并不牢靠——众多家庭的收入水平仅高于该国制定或国际公认的贫困线水平，并且始终存在重新陷入贫困的可能。从这一点上看，新兴和发展中经济体所面临的政策挑战在于巩固早期收益，主要方式包括推动本国经济向正规经济转型，扩大精心设计的最低工资范围，同时建立适当和可持续的社会保障体系。
- 而对大多数发达经济体而言，过去两年间收入不平等状况有所加剧，令全球金融危机爆发前的趋势有所恢复。诚然，2007—2010 年间大多数发达经济体的收入不平等呈缓解态势，然而自 2010 年起，收入不平等趋势加剧。证据还显示，在危机期间，经历了短暂的停顿后，工资差距不断增大。此外，有证据显示，工资收入两极化的趋势正在加剧，表明工资分配出现了“两头大，中间逐渐被挖空”的现象。此外，如第四章所示，在大多数可获得数据的发达经济体中，最高收入近期恢复了上升势头。
- 结果表明，过去 20 年间大多数发达经济体的中等收入群体的规模有所缩减。对于可获得数据的国家而言，上述趋势在金融危机期间似乎得以延续。

引言

收入不平等现象（包括此种不平等在引发国际金融危机中可能发挥的作用）引起了政策制定者的高度关注。[1] 此外，收入分配的中间地带也引起了相关部门的关注。从经济角度来讲，对于中等收入群体进行分析具有重要意义——上述群体通过更高的需求和对人力资本更高的投入而极大地推动了经济增长。[2] 与此同时，人们关注中等收入群体亦有社会政治方面的原因——中等收入群体对社会稳定性具有重要影响。[3] 此外，观察还显示，“对于中等收入群体的关注并不排斥对贫困群体的关注，相反，此种关注使得人们扩大了对低收入群体的关注。”[4] 通过制定中等收入群体在政治上所拥护的并且最终令低收入家庭受益的各种制度（包括法律、医疗、教育、社会保险），决策者出台的支持中等收入群体发展的系列政策同样也对低收入群体有着积极影响。

本章第一节对世界范围内的收入分配和工资不平等的近期趋势进行了概括。第二节重点介绍近几十年来以及国际金融危机爆发以来，发达经济体的中等收入群体的缩减和未来前景。第三节讲述了新兴和发展中国家观察到的对比趋势，并对变化程度及其可持续性进行了评估。第四节是关于政策影响的结论。

第一节　收入和工资不平等趋势

对于大多数存在可用数据的新兴和发展中国家而言，总收入分配不平等尽管有所缓解，但依然严峻……

发达经济体的反映收入不平等的基尼系数[5]平均为30（美国除外）；大多数发展中和新兴经济体的基尼系数平均超过40；在许多拉丁美洲国家和非洲国家，其基尼系数甚至升至50以上（图2.1）。近几年来，大多数新兴和发展中经济体的收入不平等继续得到缓解，尽管总体而言这种不平等状况依然较为严峻。

1　国际劳工组织（2008年）。

2　Castellani 和 Parent（2011年）；Ravallion（2009年）；Gigliarano 和 Mosler（2009年）。

3　参见，例如皮尤研究中心（2009年）；Pressman（2007年）。

4　Birdsall（2010年）。

5　基尼系数是应用最广泛的衡量收入不平等的指标。该系数由0到1，0代表完全平等，1代表完全不平等。该项研究依照文献定义所采用的基尼系数变动范围为0—100。基尼系数的计算是基于可支配收入，与取自不同来源（如劳动力和资本），扣除了相关费用的家庭税后总收入相对应。除非另有注释，文中所有收入数据均指发达国家平等的家庭收入。对于发展中国家，基于可用性的原因，文中大多采用消费支出数据，而非收入。该数据对于衡量劳动力收入不平等同样有效，劳动力收入也是可支配总收入的重要组成部分（Hoeller 等人，2012年）。

……与此同时，发达经济体呈现出相反的态势。

2012年的《世界劳工报告》着重论及2007—2010年间大多数发达经济体依照基尼系数衡量的收入不平等得到缓解的状况。这种缓解来自资本收入增长所引发的强烈的负面影响，大部分增长由处于更高收入阶层的个人所持有。[1] 2010年后，伴随着利润恢复，收入不平等呈现出相反态势（图2.1）——具体描述见第四章，此种趋势主要令最高收入群体受益。[2]

与收入不平等类似，在金融危机最严峻期间（2007—2010年），大多数发达经济体工资收入不平等（按照收入最高的10%群体与收入最低的10%群体的收入比率来衡量）有所缓解。[3] 尽管如此，对于相当数量的发达经济体而言，工资不平等状况的缓解更多是低收入者失业的表现，而非真正意义上的缓解。举例而言，在金融危机爆发以来就业率持续走低的一些国家（希腊、爱尔兰、意大利、葡萄牙、西班牙等），收入最低者占到失业群体的大部分。从这个意义上讲，尽管失业最终表现为工资不平等状况的缓解，但这并不代表该状况有整体的改观。

尽管采用最高和最低十分位收入比率的方法常用来衡量收入不平等状况，但此法并不能充分反映收入分布其他部分的变化情况，原因是此方法及其他专注于某个社会整体收入不平等状况的方法都基于这样的原理，即收入由富裕群体向贫困群体的转移能有效地改善收入不平等（庇古-多尔顿原理）。但是，此处忽略了一点：当这种转移发生在处于收入分布中位数同一侧的两个个体之间时，例如，收入由处于收入分布中间位的某人向处在分布底端的某人转移时，整体的收入不平等并不会发生改变。相反，采用极化指数能够发现收入由收入分布中间位向尾部的移动。[4] 这或许也能反映某个社会存在的社会压力的来源，即便对于收入不平等的测量并未反映任何显著变化。[5]

本章中，作者通过比较处在收入分布中位与最高和最低端群体的收入状况来衡量收入两极分化的情况。中等收入群体与占收入最低的10%群体的收入比率被称作D5/D1比率；收入最高的10%群体与中等收入群体的收入比率被称作D9/D5比率。图2.2显示了在可获得数据的25个国家中，有20个国家的D5/D1比率在金融危机前和金融危机后，要么有所下降，要么相对恒定。总体而言，上述期间内，D5/D1比率与D9/D1比率遵循相同的模式（图中未显示），这同样反映了收入的极端不平等。

---

1 国际劳工组织（2012年）。

2 例如：在美国，经济复苏头两年间占总人口7%的最富有阶层的平均净值有所增长（从2009年占家庭总财富的56%增加到2011年的63%）；与此同时，余下的93%的人口的平均净值反而有所下降（皮尤研究中心，2013年），这部分可归结为顶级公司首席执行官收入的再度增长（参见第四章）。

3 一个典型的例外是德国。2007—2011年间，德国收入不平等状况有所缓解，与此同时工资不平等有所加剧。这部分是由于资本增益下降以及人均社会支出及其占GDP比重的增加，这两个因素可能会导致收入分配底端的非工资性收入增长。

4 参见Esteban和Ray（1994年）；Wolfson（1994年）；Zhang和Kanbur（2001年）；Seshanna和Decornez（2003年）。进一步讨论请参见Macculi（2009年）。

5 参见Esteban和Ray（1994年）。

图 2.1　2007 年及近期的收入不平等状况

第一组：发展中和新兴经济体，2007年和2010年(或近期)*

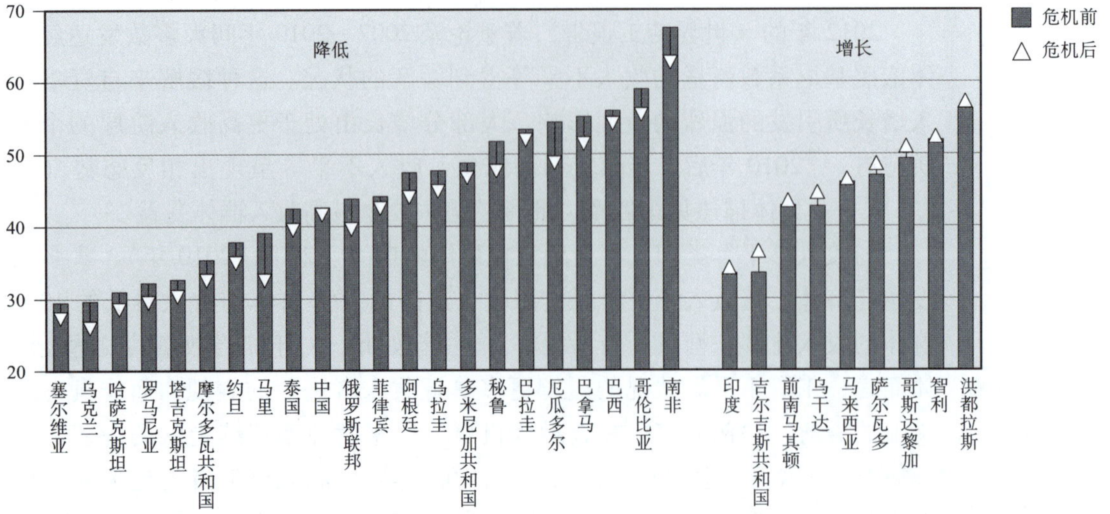

*对于中国和印度而言，金融危机前的年份是指2005年，而非2007年；对智利、约旦、马其顿、马里、巴拿马、菲律宾、南非、泰国、乌干达而言，金融危机前的年份是指2006年，而非2007年；对巴西、智利、中国、哥斯达黎加、萨尔瓦多、洪都拉斯、哈萨克斯坦、吉尔吉斯共和国、马其顿、马来西亚、菲律宾、罗马尼亚、俄罗斯联邦、塞尔维亚、南非、塔吉克斯坦、泰国、乌干达、乌克兰而言，金融危机后的年份是指2009年。

注：图中显示了反映收入分配平等程度的基尼系数。低(高)值对应的是收入分配的相对平等(不平等)。

资料来源：国际劳工研究所基于世界银行《世界发展指标》的计算。

第二组：发达经济体，2007年和2011年*

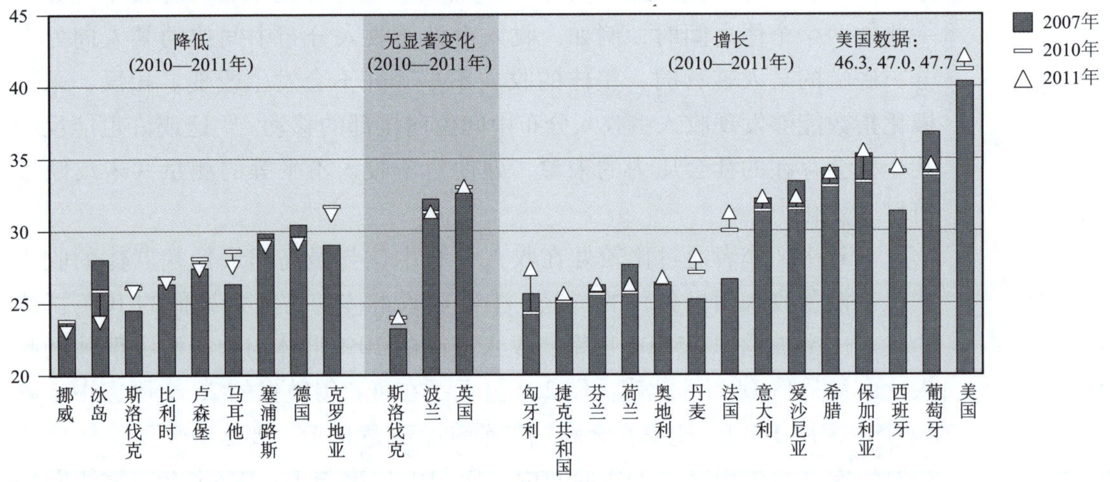

*表中国家按照2010—2011年间收入变化情况进行分类。

注：图中显示反映收入分配平等程度的基尼系数。低(高)值对应的是收入分配的相对平等(不平等)。

资料来源：国际劳工研究所基于欧盟统计局和美国人口调查局的计算。

图 2.2 显示了在 25 个国家中，有 11 个国家收入最高的 10% 群体和中等收入群体的收入比率有所增长（图中表示为 D9/D5）。一个不断下降或相对稳定的 D5/D1 与 D9/D5 的增长表明，与高/低收入群体相比，处在收入分布中间段的工薪族的状况不断恶化。25 个国家中有 7 个国家呈现上述趋势，分别是澳大利亚、奥地利、比利时、希腊、匈牙利、瑞士和美国。其中，希腊的工资不平等有所缓解，但图中却表明该国存在较为明显的工资收入两极化趋势——中等收入者的收入相对高/低收入者有所减少，导致该状况的原因是日益严峻的就业形势以及公共部门工资的削减，与此同时，该国最高收入者的相对收入有所增加。

图 2.2　发达经济体的工资两极化状况

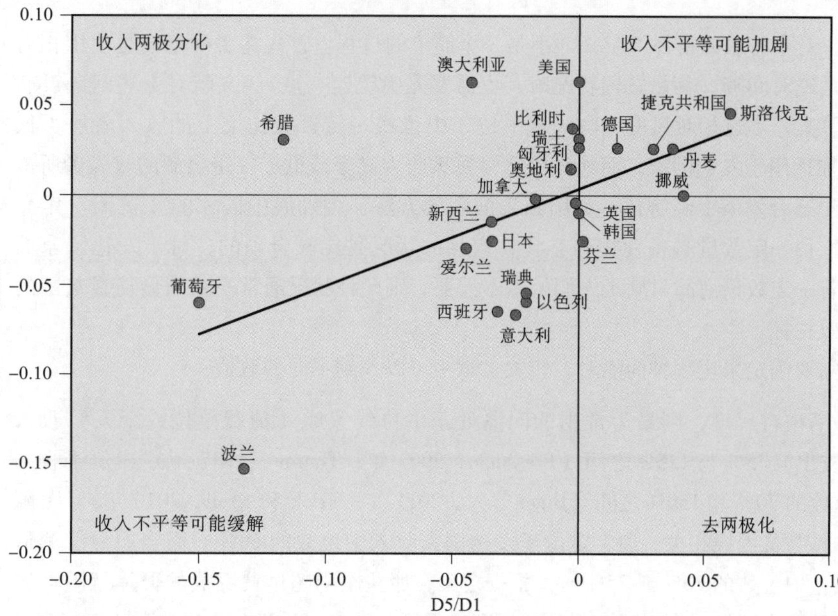

注：图中显示了 2007—2010 年（如 2007 年无可用数据，则起始年份为 2006 年）中等收入者与低收入者的收入比率（D5/D1）的变化以及最高收入者与中等收入者的收入比率（D9/D5）的变化。

资料来源：国际劳工研究所基于经合组织数据库以及国际劳工组织数据库有关捷克共和国的计算。

第二节　发达经济体的中等收入群体

对于大多数发达经济体而言，中等收入群体的规模正在不断缩减……

过去数年间，无论文献还是大众媒体，关于发达经济体的中等收入群体缩减的内容都在增加。[1] 例如，研究人员发现，美国在过去 30 年间其中等收入群体无论规模还是收入都有所降低（有关中等收入群体的定义和衡量标准参见专栏 2.1）。美国生活在中等收入家庭的成人比例（占全国中等水平收入 67% 至 200% 之间的群体）由 1970 年的 61% 跌至 2010 年的 51%，与此同时，其收入中位数下滑了 5% [2]。

尽管过去 20 年间，大多数发达经济体的中等收入人口占比有所下降（图 2.3），但统计结果并不一致，公共政策和各项制度是造成所观察到的中等收入群体规模变化不一的部分原因（关于金融危机后的趋势，参见专栏 2.2）。

1　参见，例如 Boushey 与 Hersh（2012 年）；皮尤研究中心（2012 年）；Campbell（2013 年）。

2　皮尤研究中心（2012 年）。

专栏 2.1　定义并衡量中等收入群体

对中等收入群体下定义并不是一个简单的过程。首先需要确定的是使用相对间隔还是绝对间隔（衡量贫困状况时，也需要先确定这一点）。文献对上述问题没有一致的答案，不过相对尺度（收入水平位于中位线一定百分比上下的收入者所占比例）更加适用于发达国家，而绝对尺度（每天收入高于或低于一定金额的收入者所占比例）更适合发展中经济体。利用图表演示的方法，将发展中国家的“贫困”定义为无法取得一定数量必备食物和非食物商品的状况是比较合理的；对于发达国家而言，倘若一定数量商品只满足人们的基本需要，则此种状况通常不被当做衡量贫困的一个有效指标。

当需要确定采用哪种间隔时，相关文献中可以找到不同的数值：

- 若采用相对尺度，则最为常用的间隔处于中位线家庭（消费单位或个人）收入（或支出）75% 与 125% 之间（Pressman，2007 年；Thurow，1987 年）或位于收入中位数的 70% 和 150% 之间（Bigot 等人，2011 年；Frick 和 Krell，2010 年）。下限的选择与贫困线相关，通常定位于发达国家收入中位数的 60%。而当边界线调低至收入中位数的 70% 或 75% 时，根据定义，那些刚刚超过贫困线的群体就不再属于中等收入群体。而对于上限的选择则显得更为随意：位于收入中位数 125% 的界线与低于及高于收入中位数一定百分比的界线构成了对称。然而，若要将富裕群体与上中等收入的群体区分开来，则需采用高于人均收入 125% 的收入水平。尽管有些时候人们认为中等收入群体的精确定义不会影响所观察到的变化（皮尤研究中心，2012 年）（这似乎就是 125%—150% 边界所面临的状况），但依然有观点认为随着上限的增长（如最高达收入中位数的 300%），可能会发现不同的趋势（Atkinson 和 Brandolini，2011 年）。

- 采用绝对尺度的情形下，类似于每天收入在 2 美元至 20 美元或 2 美元至 13 美元（每天收入 13 美元是美国所定义的贫困线）的间隔是最常用到的。然而，不同的上下限可能会产生极其不同的结果。此外，采用绝对尺度衡量的中等收入群体的下限（每天收入 2 美元）——也就是国际上用以衡量发展中国家贫困状况的上限，由世界银行定义——远远低于某些国家设定的贫困率。采用此类“门槛”可能会高估中等收入群体的规模，并在某些情况下难以反映一国的收入分配状况（经合组织，2010 年）。与此同时，还能从文献中找到用来与发达经济体进行比较的更高的门槛。例如，Kharas 和 Gertz 于 2010 年将每天收入 10 美元定义为下限（葡萄牙和意大利的贫困线），将每天收入 100 美元定义为上限（卢森堡收入中位数的两倍），目的是获得所有国家中等收入群体的普遍定义。

本章采用相对尺度对发达经济体的收入进行衡量；对于发展中和新兴经济体，则依据其收入水平采用不同的绝对尺度予以衡量。

……原因除了工作机会的两极分化，还有公共政策和制度方面的因素。

相关文献通过若干不同因素对发达经济体收入分布中间段的“空心化”进行了解释。文献首先指出，过去数十年间，无论在美国还是欧洲，工作机会的两极分化都十分明显，这或许可以解释为什么中等收入群体的规模有所缩减。工作机会两极化是指处于职业分布两端（最高技能与最低技能

图 2.3　20 世纪 90 年代初至 2009 年*，部分发达经济体的中等收入群体（收入为人均收入中位数的 70%—150%）占总人口的比例

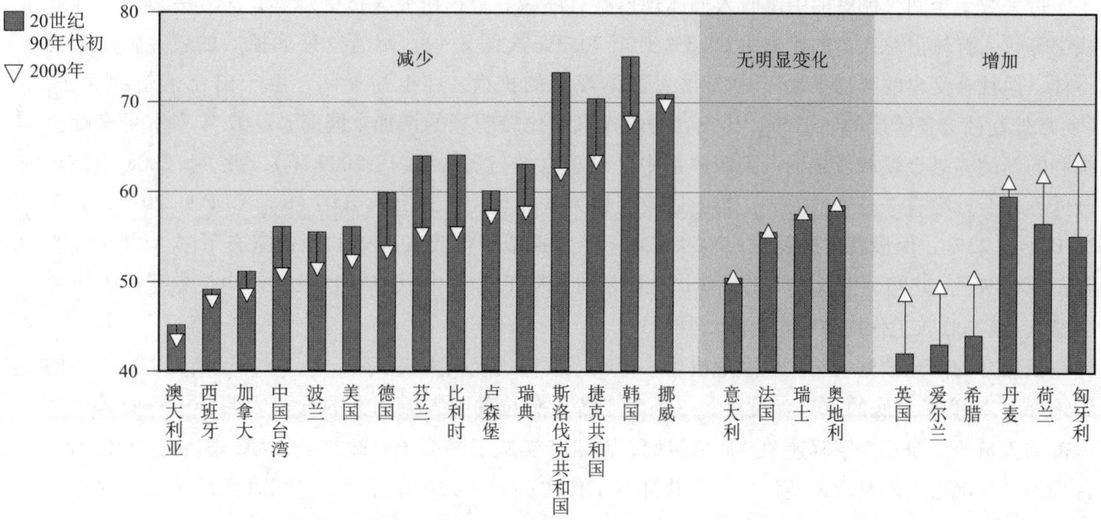

*图中，挪威所用的是 2008 年的数据，而非 2009 年；由于不兼容的原因，无法获取各国 2009 年的数据，其中中国台湾用的是 2005 年的数据，加拿大和瑞士为 2004 年，澳大利亚为 2003 年（参见 Bigot 等人，2011 年）；韩国所用的是 2010 年的数据，而非 2009 年。

注：中等收入群体定义为收入占收入中位数 70%—150% 的人构成的群体（除美国以外）；在美国，“中等收入群体”指占收入中位数 67%—200% 的劳动力构成的群体（皮尤研究中心，2012 年）。韩国的这一比例是 50%—150%。

资料来源：国际劳工研究所基于 Bigot 等人（2011 年）、挪威统计局、皮尤研究所（2012 年）和 Choi 等人（2013 年）的计算。

工作）的就业增长的同时，中等技能工作的就业相对减少。[1] 研究发现，该现象与技术进步和全球化有关。同时，有证据表明，部分工作机会两极化趋势发生在 2008 年金融危机期间。[2]

虽然如此，其他一些作者认为工作机会的两极化不足以解释过去 20 年所观察到的工资收入两极化以及工资不平等状况的加剧（尤其是最高收入的急剧增长）。[3] 这部分作者认为，政策和机构设置不仅直接影响收入分配，同时也通过劳动力市场立法和财政、税收、贸易和教育政策对技术进步和全球化产生影响。的确，研究者观察到，许多发达国家开始放松上述政策，特别是与就业保护立法和税制累进性相关的政策。[4]

1　该领域的研究成果参见 Abel 和 Deitz（2012 年）；Acemoglu 和 Autor（2011 年）；Goos 和 Manning（2007 年）。

2　参见 Jaimovich 和 Siu（2012 年）。

3　参见 Mishel 等人（2013 年）与 Koske 等人（2012 年）。

4　国际劳工组织（2011a）。

专栏 2.2　危机后中等收入群体的发展趋势[a]

过去数十年间，**挪威**的中等收入群体规模略有缩减。根据研究人员的观察，2007—2009 年间挪威中等收入群体占总人口的比重由 69.3% 升至 70.3%（图 2.4）。尽管这期间挪威的就业情况表现不佳，但社会支出的增加推动了中等收入群体规模的扩大。在上述期间，由于出台了新的立法，（通常处在社会各阶层的底端的）年长者的收入有了比较明显的增加；同时，2007 年享有更多社会福利的新的养老金领取者被纳入到该体系中（经济合作与发展组织，2009 年）。此外，2008 年该国最低养老金标准有了显著的提升。与上述改变相关联的是社会支出由 2007 年占 GDP 的 20.5% 升至 2010 年的 23%。但最新数据表明，2009—2011 年间挪威中等收入群体的规模略有下降（由 70.3% 降至 69.8%）。此间，中低收入的工作岗位数量有所降低（其中以中等收入工作岗位数量降低更为明显），而高收入工作岗位数量有所增加。[b]

西班牙的国家数据表明，金融危机后中等收入群体的规模大幅下降，从 2007 年年底占总人口的 50% 降至 2010 年年底的 46%。此外，一项对于各十分位的收入流动性的分析表明，中等收入群体内部的人员流动量呈净下降迹象。[c]危机伊始，西班牙实施了一揽子财政刺激计划，随后于 2010 年 5 月推出了一项宏大的财政调整计划。公共部门工作者的收入被削减了 5%，同时西班牙政府对包括教育、住房、医疗保健在内的多项支出进行了削减（此种削减对中等收入群体有负面影响）。[d]就业率大幅降低——2010 年，西班牙就业率相对危机前水平陡降 7 个百分点（如第一章所示）。这对于中等收入工作岗位（超过 120 万个）的影响尤为强烈；与此同时，从事高收入职业的劳动者数量持续增加（增加约 20 万人）。

在**美国**，中等收入群体规模由 2007 年占总人口的 52.5% 降至 2010 年的 51%，使得过去 30 年间观察到的趋势继续延续。尽管工作机会两极化对这种下降有着一定程度的影响（Acemoglu 和 Autor，2011 年），但这期间也发生了重要的制度变革。本已处于低水平的工会密度由 2001 年的 12.9% 降至 2011 年的 11.3%；与此同时，工会覆盖率由 2002 年的 14.5% 降至 2010 年的 13.1%。由于中等收入者相对其他群体更可能是工会成员，工会影响力的逐步降低也可能在一定程度上导致中等收入群体规模的缩减（Card 等人，2003 年）。同时，最高个人税率由 2000 年的 39.6% 降至 2010 年的 35%，使得税后收入分配更多地向高收入者倾斜。最后需要提及的是，尽管过去十年间美国就业保护立法指数[e]保持相对稳定（0.21），但与其他发达国家比，依然处于最低水平之列。

图 2.4　2007—2010 年中等收入群体规模的变化（占总人口的百分比）

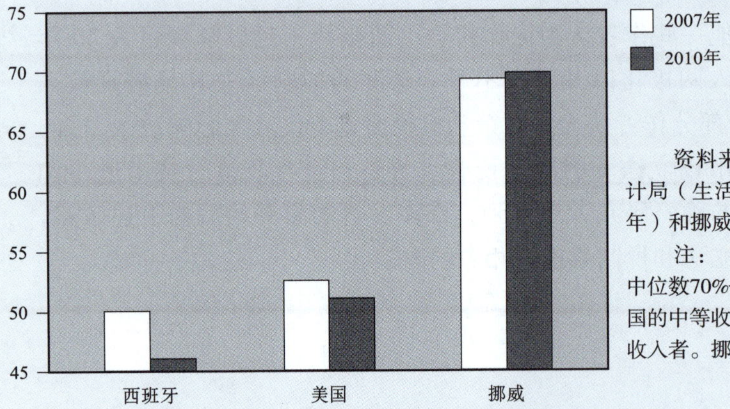

资料来源：国际劳工研究所基于西班牙统计局（生活状况调查）、皮尤研究中心（2012 年）和挪威统计局的计算。

注：“中等收入群体”定义为占人均收入中位数70%—150%的收入群体（美国除外）。美国的中等收入群体为占收入中位数67%—200%的收入者。挪威的相关数据为2011年的数据。

[a] 表中的计算是基于国家数据，因此相关收入水平并不总是与图 2.3 中数据具备可比性。

[b] 国际劳工研究所的计算基于欧盟统计局相关数据。高工资职业包括管理者和教授；中等工资职业包括技术人员和副教授、文职人员、手工艺和相关行业人员；低收入职业包括服务业从业者和销售人员，具备一定技能的农业、林业和渔业工作者、厂房工作人员和机器操作员、组装人员以及非技术工人。

[c] 根据欧盟统计局的数据，按十分位数来分析收入的转移。分析结果表明，中等收入群体规模的缩减可能来自更多人从相对较高的收入群体滑落至收入相对较低的群体，而不是相反方向。

[d] 欲了解更多政策变化，参见国际劳工组织（2011b）。

[e] 经合组织就业保护立法指数的计算是基于临时劳动和长期劳动合同法。该项指标的变动范围是由 0 至 6，数值越高代表监管越严格（经济合作与发展组织，2011 年）。

第三节　新兴和发展中经济体的中等收入群体

新兴和发展中经济体的中等收入群体的规模有所扩大……

正如前面所指出的，对于发展中和新兴经济体而言，研究者更多使用绝对收入来确定中等收入群体的规模。文献中设定了许多不同的间隔（专栏2.1）。在这项研究中，每天收入4—13美元被低收入经济体用来界定中等收入群体，每天收入6—20美元则为下中等收入经济体所采用。[1] 而上中等收入经济体则采用每天收入10—50美元的间隔。[2] 以上间隔不包括每组经济体中收入略高于贫困线的弱势群体（所谓的“浮动群体”）。尽管目前尚未跌至贫困线以下，但该群体成员陷入贫困的风险很大。相关结果参见图2.5。

图2.5　1999—2010年新兴和发展中经济体不同收入群体的规模

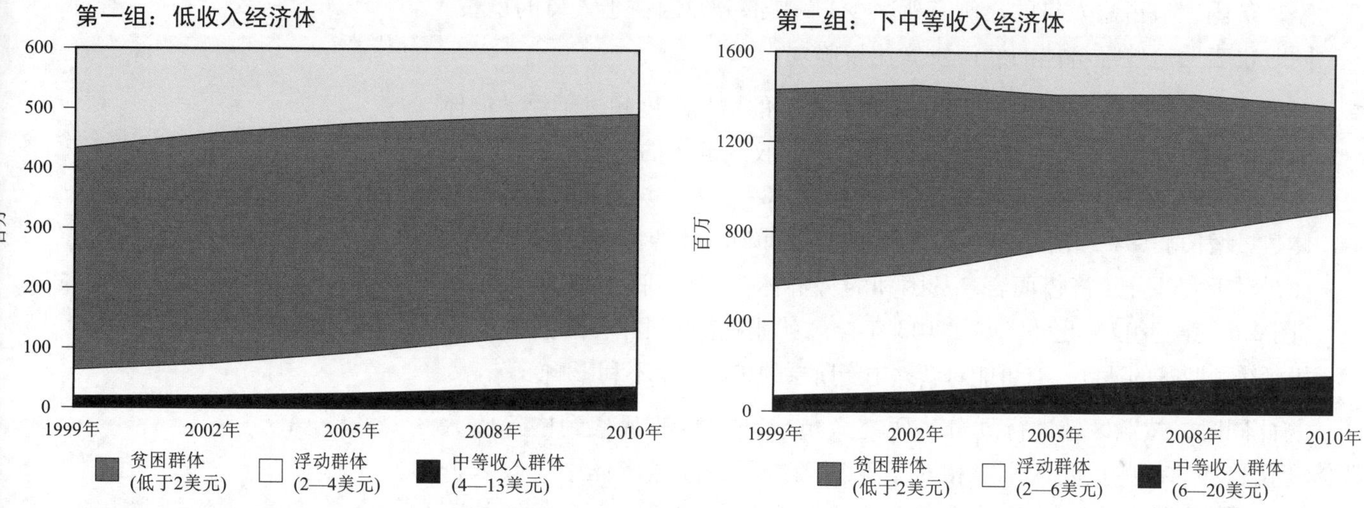

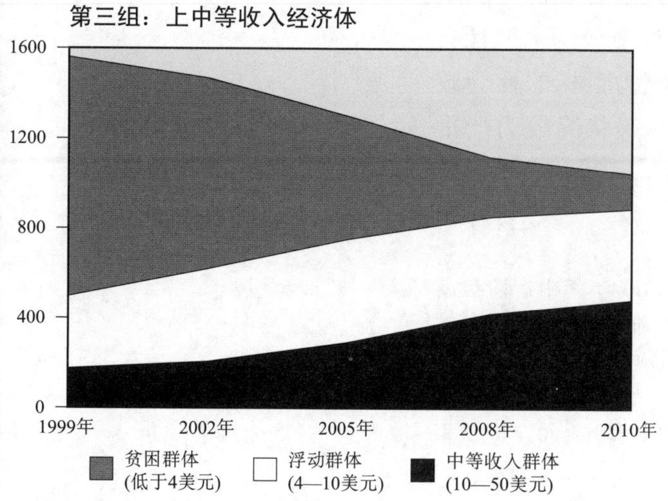

注：图中以百万为单位显示了预估的收入群体人数（基于世界银行分类）。若欲了解每个收入群体中的全部经济体以及收入门槛的界定，请参见附件A。大多数国家的相关数据来自消费调查。2010年中东和北非以及1999年南亚的调查覆盖率小于50%。

资料来源：国际劳工研究所基于世界银行PovcalNet数据的计算。2010年数据为预估值。

1　基于世界银行对其成员经济体的分类（2012年7月）；所有数据依照2005年购买力平价计算。

2　根据Ferreira等人（2013年）的方法论，在上中等收入经济体，贫困被定义为每天收入少于4美元。

……但进展仍很脆弱，同时贫困和弱势群体依然占总人口的大部分。

预计2010年世界中等收入群体规模约为6.941亿人，相较1999年的2.632亿人有所增长，[1] 其中超过2/3的人生活在上中等收入国家。[2] 尽管如此，弱势的“浮动群体”（即收入略高于贫困线的人群）占发展中国家总人口的比例甚至更高。

- 浮动群体的规模是中等收入群体的近三倍，其人口由1999年的11.17亿上升至2010年的19.25亿，其中大部分（54%）位于低收入经济体以及下中等收入经济体。
- 对于下中等收入经济体而言，浮动群体规模的扩大反映了贫困人口数量的减少以及摆脱贫困方面所取得的积极进展，尽管他们依然随时面临陷入贫困的风险。
- 对低收入经济体而言，其贫困人口数量实际有所增加（但在大多数国家，贫困人口占总人口的比例有所减少）。其部分原因在于人口的增长，同时也表明这些经济体的经济发展比较脆弱。
- 对于上中等收入经济体而言，其中等收入群体的增长速度超过了浮动群体的增长速度。1999—2010年间，这些国家中等收入群体的规模增加了一倍多，从1999年的1.75亿人增加到2010年的4.84亿人；与此同时，浮动群体数量增长了80%，由1999年的4.97亿增加到2010年的8.888亿。虽然如此，对于大部分经济体而言，贫困和弱势群体依然占到总人口的大部分（图2.6，第三组）。此外，如《2013年全球就业趋势》报告所显示的，危机延缓了脱贫的速度，有可能对新兴中产阶层的扩大产生不利影响。[3]

与此同时，按照区域进行划分，研究人员或许还能够观察到中等收入群体变化趋势的某些重要区别：相对于亚洲和拉丁美洲经济体中等收入群体规模的显著扩大，非洲经济体中等收入人口数量的增长则表现得更加不均匀。[4] 这种区别部分是由于不同的经济增长和就业表现所造成的，但社会政策也起着不可忽视的作用，其中以缓解收入不平等状况为目标的社会政策的影响尤为重要——研究表明，需要大力推动收入不平等状况较为严重的地区的经济增长，以缓解贫困。[5]

---

1 来自《2013年全球就业趋势》报告的最近数据显示，2001—2011年间中产阶级就业（定义为4—13美元）以相同规模增长，即约4.01亿的中产阶级工作者，此外超过每天13美元标准线的工作者还增加了1.86亿。有关定义和预测中产阶级就业的方法论，见Kapsos和Bourmpoula（2013年）。

2 在上中等收入经济体中，大多数中等收入人群的每天收入为10—20美元，2010年时约有3.51亿人，而当时的中等收入群体总数为4.84亿。

3 国际劳工组织（2013年）。

4 所有收入群体（贫困、浮动及中等收入群体）基于文中相应国家收入水平对应的收入范围进行计算。

5 许多研究指出，严重的收入不平等会减少经济增长对减贫的效果，从而延缓脱贫的速度：Berg和Ostry（2011年）；联合国经济及社会事务部（2010年）；联合国社会发展研究所（2010年）；Fosu（2009年）；Bourguignon（2004年）；Ames等人（2001年）；Chen和Ravallion（2001年）。

图 2.6　2010 年部分新兴和发展中经济体不同收入群体的规模（百分比）

第一组：低收入经济体

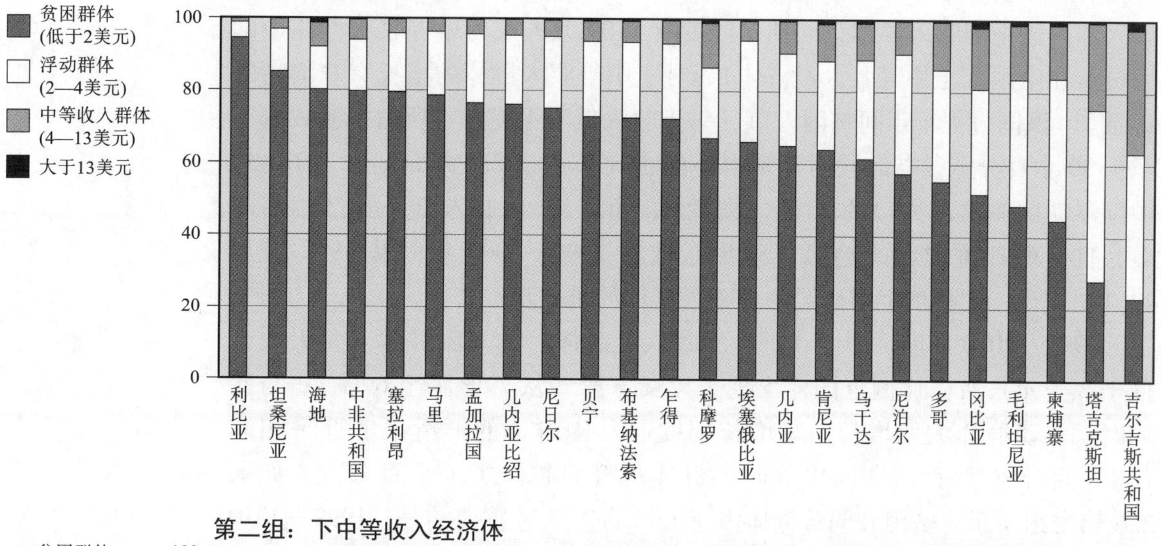

第二组：下中等收入经济体

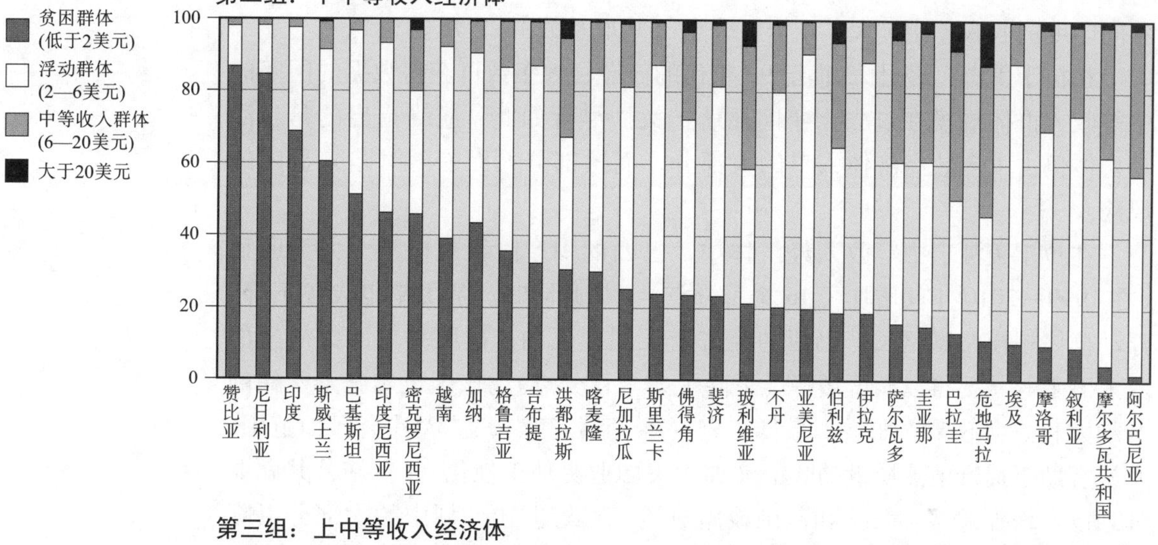

第三组：上中等收入经济体

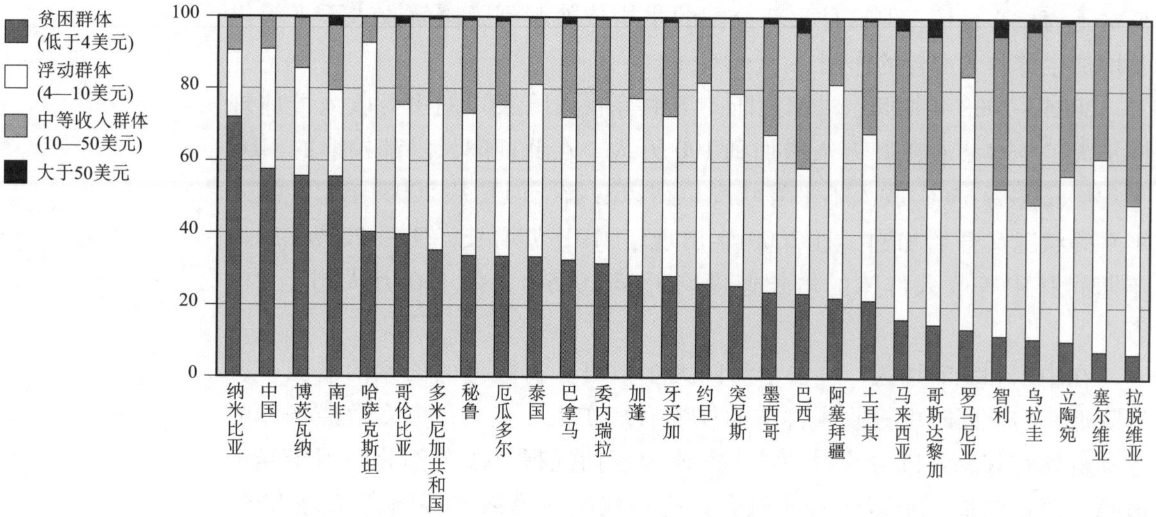

注：图中显示了各国三类收入群体在其总人口中的占比情况。欲了解每个收入群体中的全部经济体以及收入门槛的界定，参见附件 A。大多数国家的相关数据来自消费调查。2010 年中东和北非以及 1999 年南亚的调查覆盖率小于 50%。

资料来源：国际劳工研究所基于世界银行 PovcalNet 数据的计算。

对于亚洲而言，过去十年间所有可获得数据的国家的中等收入群体规模均有所增长。中国是此种增长的主要推动力，过去十年间约有1.07亿中国人加入进中等收入群体；同期，印度有1500万人成为中等收入群体中的一员。在中国（上中等收入经济体），对于中等收入群体的增长有着清晰的记录。[1] 该国过去十年间贫困人口（每天收入低于4美元）所占份额减少了至少30个百分点，与此同时浮动群体的占比扩大了23个百分点，2010年中国浮动群体占总人口的33%（图2.6，第三组）。收入不平等已相当严重，且呈现日益加剧的趋势（基尼系数在1999—2009年间从39.2增加42.1）或许一定程度上阻碍了中等收入群体的进一步扩大。

1999—2010年间，印度（下中等收入经济体）的贫困群体（每天收入低于2美元）所占比例也同样出现了大幅下滑（从79%降至69%）；与此同时，浮动群体大幅增长，其增长幅度与贫困群体的下滑幅度近乎相同（10个百分点）。而这期间中等收入群体规模只扩大了1个百分点。如图2.6第二组所示，贫困和弱势群体占总人口的97%。重要的是，1999—2010年间印度的收入差距扩大了4个百分点（基尼系数由29升至34）。

在拉丁美洲，经过20世纪90年代的停滞，大多数可获得数据的国家的中等收入群体规模在过去十年间显著扩大。尽管如此，应当指出的是，浮动群体仍占大多数经济体人口的大部分，而这部分人面临随时陷入贫困的风险。

在拉丁美洲上中等收入经济体中，巴西的中产阶级规模扩大尤为明显（在1999—2010年间增加了16个百分点）。与此同时，贫困率也大幅下降，浮动群体规模略微增长。巴西的经济增长同样强劲，按照基尼系数衡量的收入不平等状况得以显著缓解（下降了5个百分点）。该国也实施了宏伟的劳动力和社会政策，如增加最低工资（参见第三章），扩大社会保护范围，实施有助于提升就业质量的政策（如相关职业更加正规化），实施公共就业计划以及增加健康、教育和基础设施投资。尽管上述计划中的大部分以降低贫困为核心目标，但这种重新分配的举措依然起到了缓解收入不平等以及增加中等收入群体的作用。

2005—2008年期间，洪都拉斯（下中等收入国家）的中等收入群体规模扩大了46%，由130万人增加到190万人。在此期间，洪都拉斯的GDP平均增长率为6%，收入不平等状况也得以缓解。但是从2008年起，收入不平等状况又开始加剧，且2009年出现了GDP负增长，使得2008—2010年期间其中等收入群体的增长速度降低至10.5%，由190万人增至210万人。

在中东和北非地区，过去十年间大多数可获得数据的国家的贫困率有所降低，与此同时中等收入群体的规模有所扩大。然而，大多数经济体的浮动群体在其总人口中的占比最大。该地区情况得以改善部分归因于经济改革，改革创造了更多的就业机会，这种状况在摩洛哥等国家尤为明显。尽管如此，总体形势依然不稳固，其主要原因是政府作为主要的工作机会创造者在维持中等收入群体总规模方面依然扮演着重要角色。

1 参见，例如亚洲开发银行（2010年）；Chun（2010年）；Ravallion（2009年）。

在中东和北非地区下中等收入国家中，过去十年间摩洛哥的中等收入群体扩大尤为显著，增长了一倍多，从1999年的400万人增加到2010年的900万人。该国贫困人口下降了61%，浮动群体人数增加了18%。尽管如此，2010年该国贫困和弱势群体依然占到总人口的70%。

在中东和北非地区上中等收入国家中，约旦和突尼斯的贫困率降低尤为显著。1999—2010年间约旦的贫困人口下降了33%，与此同时浮动群体人数增加了73%，由190万增加到340万，而中等收入群体规模增加了一倍多，从40万增加到110万。突尼斯的贫困人口数量下降了39%，浮动群体数量增加了43%，中等收入群体人口翻番，从1999年的110万增加到2010年的220万。[1]

撒哈拉沙漠以南非洲的中等收入群体规模最小。该地区大多数国家的贫困和弱势群体在总人口中的占比较大。尽管如此，一些国家由于强劲的经济增长和收入不平等状况的缓解，也取得了一定程度的进展。

在低收入经济体中，2010年乌干达和多哥的中等收入群体分别占到总人口的10%和13%，而1999年两国中等收入群体占总人口的比例仅仅为4%和7%。1999—2010年间，两国贫困人口占总人口的比例显著下降：多哥下降12个百分点（从1999年的67%降至55%），乌干达下降22个百分点（从83%降至61%）。过去十年间，两国浮动群体在总人口中的比重的增长幅度相当于同期贫困人口缩减幅度的一半；2010年两国贫困和弱势群体总人数约占两国总人口的90%。

1999—2010年期间，在撒哈拉以南非洲的下中等收入和上中等收入国家中，南非的中等收入群体占总人口的比例有所增加，由12%增至18%，加蓬由6.3%升至22%，佛得角则由12%升至25%。与此同时，加蓬和佛得角的贫困率显著下降，其中佛得角贫困人口占总人口的比重降低了约20个百分点（由1999年的45%降至2010年的24%），同期加蓬贫困人口比例下降了34个百分点（由62%降至28%）。两国浮动群体规模有所增长，佛得角浮动群体增长了约7个百分点，低于该国贫困率降幅的一半。加蓬的浮动群体规模增长了18个百分点。上述群体规模的显著增长对推动经济发展起到了不可忽视的作用，同时实现了一系列社会政策的目标。尤为引人注目的是佛得角，作为非洲大陆经济体成员之一，佛得角即将于2015年实现联合国千年发展目标（共八个目标）。

第四节　政策挑战

无论发达经济体还是发展中经济体，创造更多更好的就业机会对于实现收入分配更加均衡都起着重要作用。如第四、第五章所探讨的，实现更为平衡的收入分配有赖于推动就业的宏观经济政策、更多生产性投资和精

1　应当注意的是，突尼斯的贫困数据在2011年1月革命运动后进行了修订，修订后的数据相对修订前有所提高。更新后的数据参见突尼斯国家统计局：http://www.ins.nat.tn，关于突尼斯贫困和社会保障状况的详细讨论参见国际劳工组织（2011c）。

心设计的就业方案。此外，还应出台有助于推动贫困、弱势群体收入增长的公共政策（如第三章中所探讨的最低工资政策），建立包括失业救助、养老金和社会转移及精心设计的税收政策在内的社会保障制度。

对于发展中国家而言，最大的政策挑战在于巩固降低贫困率和缓解收入不平等方面所取得的进展，同时为那些收入仅仅略高于贫困线的浮动群体提供基本社会保障，以降低其陷入贫困的风险。考虑到弱势群体大多服务于非正规部门，因此将劳动法和社会保障体系覆盖范围延伸至非正规企业是政策挑战的一个重要方面。[1]

对于发达国家和发展中国家而言，为公民提供更好的健康保障和教育机会都能够大力推动中等收入群体规模的增长。[2] 致力于创造更多体面工作机会和缓解收入不平等状况的公共政策（无论是货币政策，还是非货币政策）有助于弱势群体通过合法劳动提升其地位，并利用政策所创造的机会实现收入增长。

上述公共政策有助于增加和巩固中等收入群体，与此同时，中等收入家庭对于推动内需增长所起的作用亦不容低估。在上述因素带动下，国民经济步入可持续增长的良性循环。

1　经济合作与发展组织（2010 年）。

2　参见，例如亚洲开发银行（2010 年）和非洲开发银行（2011 年）。

附录

按收入水平划分的国家群组

低收入经济体（英文缩写）	下中等收入经济体（英文缩写）	上中等收入经济体（英文缩写）
孟加拉国（BGD）	阿尔巴尼亚（ALB）	阿尔及利亚（DZA）
贝宁（BEN）	亚美尼亚（ARM）	安哥拉（AGO）
布基纳法索（BFA）	伯利兹（BLZ）	阿根廷（ARG）
布隆迪（BDI）	不丹（BTN）	阿塞拜疆（AZE）
柬埔寨（KHM）	玻利维亚（BOL）	白俄罗斯（BLR）
中非共和国（CAF）	喀麦隆（CMR）	波黑（BIH）
乍得（TCD）	佛得角（CPV）	博茨瓦纳（BWA）
科摩罗（COM）	刚果共和国（COG）	巴西（BRA）
刚果民主共和国（ZAR）	科特迪瓦（CIV）	保加利亚（BGR）
埃塞俄比亚（ETH）	吉布提（DJI）	智利（CHL）
冈比亚（GMB）	埃及（EGY）	中国（CHN）
几内亚（GIN）	萨尔瓦多（SLV）	哥伦比亚（COL）
几内亚比绍（GNB）	斐济（FJI）	哥斯达黎加（CRI）
海地（HTI）	格鲁吉亚（GEO）	多米尼加共和国（DOM）
肯尼亚（KEN）	加纳（GHA）	厄瓜多尔（ECU）
吉尔吉斯共和国（KGZ）	危地马拉（GTM）	加蓬（GAB）
利比里亚（LBR）	圭亚那（GUY）	伊朗（IRN）
马达加斯加（MDG）	洪都拉斯（HND）	牙买加（JAM）
马拉维（MWI）	印度（IND）	约旦（JOR）
马里（MLI）	印度尼西亚（IDN）	哈萨克斯坦（KAZ）
毛里塔尼亚（MRT）	伊拉克（IRQ）	拉脱维亚（LVA）
莫桑比克（MOZ）	老挝（LAO）	立陶宛（LTU）
尼泊尔（NPL）	莱索托（LSO）	前南马其顿（MKD）
尼日尔（NER）	密克罗尼西亚（FSM）	马来西亚（MYS）
卢旺达（RWA）	摩尔多瓦（MDA）	马尔代夫（MDV）
塞拉利昂（SLE）	摩洛哥（MAR）	墨西哥（MEX）
塔吉克斯坦（TJK）	尼加拉瓜（NIC）	黑山（MNE）
坦桑尼亚（TZA）	尼日利亚（NGA）	纳米比亚（NAM）
多哥（TGO）	巴基斯坦（PAK）	巴拿马（PAN）
乌干达（UGA）	巴布亚新几内亚（PNG）	秘鲁（PER）
	巴拉圭（PRY）	罗马尼亚（ROM）
	菲律宾（PHL）	俄罗斯联邦（RUS）
	圣多美和普林西比（STP）	塞尔维亚（SRB）
	塞内加尔（SEN）	塞舌尔（SYC）
	斯里兰卡（LKA）	南非（ZAF）
	苏丹（SDN）	圣卢西亚（LCA）
	斯威士兰（SWZ）	苏里南（SUR）
	叙利亚（SYR）	泰国（THA）
	东帝汶（TMP）	突尼斯（TUN）
	乌克兰（UKR）	土耳其（TUR）
	越南（VNM）	土库曼尼斯坦（TKM）
	西岸和加沙（WBG）	乌拉圭（URY）
	也门（YEM）	委内瑞拉（VEN）
	赞比亚（ZMB）	

资料来源：世界银行。各经济体依照 2011 年国民总收入进行分类。

注：低收入：1025 美元或以下；下中等收入：1026—4035 美元；上中等收入：4036—12475 美元。

2012 年 7 月 1 日所定义的收入分类采用《世界银行图表集》进行计算（http：//siteresources. worldbank. org/DATASTATISTICS/Resources/CLASS. XLS）。

参考文献

Abel, J.; Deitz, R. 2012. "Job polarization and rising inequality in the nation and the New York–Northern New Jersey region", in *Current Issues in Economics and Finance*, Vol. 18, No. 7 (New York, Federal Reserve Bank of New York). Available at: http://www.newyorkfed.org/research/current_issues/ci18-7.pdf [24 Apr. 2013].

Acemoglu, D.; Autor, D.H. 2011. "Skills, tasks and technologies: Implications for employment and earnings", in O. Ashenfelter and D. Card (eds): *Handbook of labor economics*, Vol. 4, Part B, pp. 1043–1171 (Amsterdam, Elsevier).

African Development Bank. 2011. "The middle of the pyramid: Dynamics of the middle class in Africa", *Market Brief*, 20 Apr. 2011 (Abidjan).

Ames, B. et al. 2001. *Macroeconomic policy and poverty reduction* (Washington, DC, IMF and World Bank). Available at: http://www.imf.org/external/pubs/ft/exrp/macropol/eng/ [16 May 2013].

Asian Development Bank. 2010. "The rise of Asia's middle class", in *Key Indicators for Asia and the Pacific*, 41st edition, pp. 3–57. (Mandaluyong City). Available at: http://www.adb.org/sites/default/files/pub/2010/Key-Indicators-2010.pdf [24 Apr. 2013].

Atkinson, A.B.; Brandolini, A. 2011. *On the Identification of the "middle class"*, Working Paper No. 2011–217 (Verona, Society for the Study of Economic Inequality (ECINEQ)).

Berg, A.; Ostry, J. 2011. *Inequality and unsustainable growth: Two sides of the same coin?* IMF Staff Discussion Note (Washington, DC, IMF). Available at: http://www.imf.org/external/pubs/ft/sdn/2011/sdn1108.pdf [16 May 2013].

Bigot, R. et al. 2011. *Les classes moyennes en Europe,* Cahier de Recherche No. 282 (Paris, Crédoc). Available at: http://www.credoc.fr/pdf/Rech/C282.pdf [24 Apr. 2013].

Birdsall, N. 2010. "The (indispensable) middle class in developing countries", in R. Kanbur and M. Spence (eds): *Equity and growth in a globalizing world* (Washington DC, The Commission on Growth and Development), 157–187. Available at: http://siteresources.worldbank.org/EXTPREMNET/Resources/489960-1338997241035/Growth_Commission_Equity_Growth_Globalizing_World.pdf [12 Apr. 2013].

Bourguignon, F. 2004. *The poverty-growth-inequality triangle.* Paper presented at the Indian Council for Research on International Economic Relations (World Bank), New Delhi, 4 Feb.

Boushey, H.; Hersh, A.S. 2012. *The American middle class, income inequality, and the strength of our economy: New evidence in economics* (Washington, DC, Center for American Progress). Available at: http://www.americanprogress.org/wp-content/uploads/issues/2012/05/pdf/middleclass_growth.pdf [12 Apr. 2013].

Campbell, M. 2013. "Bourgeois, moi? French middle class shrinks", in *The Sunday Times*, May 19.

Card, D.; Lemieux, T; Riddell, W. 2003. "Unions and the wage structure", in J. Addison and C. Schnabel (eds): *The international handbook of trade unions* (Cheltenham, Edward Elgar).

Castellani, F.; Parent, G. 2011. *Being "middle-class" in Latin America*, OECD Development Centre Working Paper No. 305 (Paris, OECD).

Chen, S.; Ravallion, M. 2001. "How did the world's poorest fare in the 1990s?", in *Review of Income and Wealth*, Vol. 47, No. 3, pp. 283–300.

Choi, W. et al. 2013. *Beyond Korean style: Shaping a new growth formula* (Seoul and San Francisco, McKinsey Global Institute). Available at: http://www.mckinsey.com/insights/asia-pacific/beyond_korean_style [25 Apr. 2013].

Chun, N. 2010. *Middle class size in the past, present and future: A description of trends in Asia*. ADB Economics Working Paper Series No. 217 (Manila, Asian Development Bank). Available at: http://www.adb.org/sites/default/files/pub/2010/economics-wp217.pdf.

Esteban, J-M.; Ray, D. 1994. "On the measurement of polarization", in *Econometrica*, Vol. 62, No. 4, pp. 819–851.

Ferreira, F.H.G. et al. 2013. *Economic mobility and the rise of the Latin American middle class'* (Washington, DC, World Bank). Available at: http://siteresources.worldbank.org/LACEXT/Resources/English_Report_midclass.pdf [12 Apr. 2013].

Fosu, A.K. 2009. "Inequality and the impact of growth on poverty: Comparative evidence for sub-Saharan Africa", in *Journal of Development Studies*, Vol. 45, No. 5, pp. 726–745.
Frick, J.R.; Krell, K. 2010. *Measuring income in household panel surveys for Germany: A comparison of EU-SILC and SOEP*, SOEP papers on Multidisciplinary Panel Data Research No. 265 (Berlin, Deutsches Institut für Wirtschaftsforschung [The German Institute for Economic Research]. Available at: http://ideas.repec.org/p/diw/diwsop/diw_sp265.html.
Gigliarano, C.; Mosler, K. 2009. *Measuring middle-class decline in one and many attributes*, Working Paper No. 333, Dipartimento di Scienze Economiche e Sociali (Rome, Universita' Politecnica delle Marche). Available at: http://ideas.repec.org/p/anc/wpaper/333.html [15 Apr. 2013].
Goos, M.; Manning, A. 2007. "Lousy and lovely jobs: The rising polarization of work in Britain", in *The Review of Economics and Statistics*, Vol. 89, No. 1, pp. 118–133.
Hoeller, P. et al. 2012. *Less income inequality and more growth – Are they compatible? Part 1. Mapping income inequality across the OECD,* OECD Economics Department Working Paper No. 924 (Paris, OECD).
International Labour Organization (ILO). 2013. *Global Employment Trends 2013: Recovering from a second jobs dip* (Geneva).
—. 2012. *World of Work Report 2012: Better jobs for a better economy* (Geneva, ILO).
—. 2011a. *World of Work Report 2011: Making markets work for jobs* (Geneva, ILO).
—. 2011b. *Spain: Quality jobs for a new economy* (Geneva, ILO). Available at: http://www.ilo.org/global/publications/ilo-bookstore/order-online/books/WCMS_158537/lang--en/index.htm [25 Apr. 2013].
—. 2011c. *Tunisia: A new social contract for fair and equitable growth* (Geneva, ILO). Available at: http://www.ilo.org/global/publications/ilo-bookstore/order-online/books/WCMS_164544/lang--en/index.htm [29 May 2013].
—. 2008. *World of Work Report 2008: Income inequalities in the age of financial globalization* (Geneva, ILO).
Jaimovich, N.; Siu, H.E. 2012. *The trend is the cycle: Job polarization and jobless recoveries*, NBER Working Paper No. 18334 (Cambridge, MA, National Bureau of Economic Research). Available at: http://ideas.repec.org/p/nbr/nberwo/18334.html [15 Apr. 2013].
Kharas, H.; Gertz, G. 2010. "The new global middle class: A cross-over from west to east", in L. Cheng (ed.): *China's emerging middle class: Beyond economic transformation* (Washington, DC, The Brookings Institution), pp. 32–51. Available at: http://www.brookings.edu/~/media/research/files/papers/2010/3/china%20middle%20class%20kharas/03_china_middle_class_kharas. [25. Apr. 2013].
Koske, I.; Fournier, J.; Wanner, I. 2012. *Less income inequality and more growth – Are they compatible? Part 2. The distribution of labour income*, OECD Economics Department Working Paper No. 925 (Paris, OECD).
Macculi, I. 2009. *Essays on polarization, multidimensional poverty and health-related effects: An Application to Switzerland*, PhD thesis, No. SES 711 (Geneva, University of Geneva). Available at: http://archive-ouverte.unige.ch/unige:14272[22 Apr. 2013].
Mishel, L.; Schmitt, J.; Shierholz, H. 2013. *Assessing the job polarization explanation of growing wage inequality*, Working Paper Research No. 295 (Washington, DC, Economic Policy Institute). Available at: http://www.epi.org/publication/wp295-assessing-job-polarization-explanation-wage-inequality [25 Apr. 2013].
Organisation for Economic Co-operation and Development (OECD). 2009. *Pensions at a glance 2009: Retirement-income systems in OECD countries: Online country profiles, including personal income tax and social security contributions: Norway* (Paris). Available at: http://www.oecd.org/els/public-pensions/43021599.pdf. [25 Apr. 2013].
—. 2010. *Latin American Economic Outlook 2011: How middle-class is Latin America?* (Paris).
—. 2011. *Divided we stand why inequality keeps rising* (Paris). Available at: http://dx.doi.org/10.1787/9789264119536-en [26 Apr. 2013]
Pew Research Center. 2013. *A rise in wealth for the wealthy, declines for the lower 93%* (Washington, DC). Available at: http://www.pewsocialtrends.org/2013/04/23/a-rise-in-wealth-for-the-wealthydeclines-for-the-lower-93/ [30 Apr. 2013].

—. 2012. *The lost decade of the middle class: Fewer, poorer, gloomier* (Washington, DC). Available at: http://www.pewsocialtrends.org/2012/08/22/the-lost-decade-of-the-middle-class [22 Apr. 2013].

—. 2009. *The global middle class: Views on democracy, religion, values, and life satisfaction in emerging nations* (Washington, DC). Available at: http://www.pewglobal.org/files/pdf/1051.pdf [16 May 2013].

Pressman, S. 2007. "The decline of the middle class: An international perspective", in *Journal of Economic Issues*, Vol. 41, No. 1, pp. 181–200.

Ravallion, M. 2009. *The developing world's bulging (but vulnerable) "middle class"*, Policy Research Working Paper Series No. 4816 (Washington, DC, The World Bank). Available at: http://ideas.repec.org/p/wbk/wbrwps/4816.html [22 Apr. 2013].

Seshanna, S.; Decornez. S. 2003. "Income polarization and inequality across countries: An empirical study", in *Journal of Policy Modeling*, Vol. 25, No. 4, pp. 335–358. Available at: http://dx.doi.org/10.1016/j.bbr.2011.03.031 [22 Apr. 2013].

Thurow, L. 1987. "A surge in inequality", in *Scientific American*, Vol. 256, No. 5, pp. 30–37.

UN-DESA. 2010. *Report on the world social situation, rethinking poverty* (New York, United Nations). Available at: http://social.un.org/index/ReportontheWorldSocialSituation/2010.aspx [16 May 2013].

UNRISD. 2010. *Combating poverty and inequality, structural change, social policy and politics*. (Geneva, UNRISD). Available at: http://www.unrisd.org/publications/cpi [16 May 2013].

Wolfson, M.C. 1994. "When inequalities diverge", in *The American Economic Review*, Vol. 84, No. 2, pp. 353–358.

Zhang, X.; Kanbur, R. 2001. "What difference do polarisation measures make? An application to China", in *The Journal of Development Studies*, Vol. 37, No. 3, pp. 85–98.

第三章
最低工资在恢复经济平衡中的作用

主要研究成果

- 最低工资是一个有力工具，用以支持实现体面工作的目标，也可以是提高社会保护最低标准和扶贫工作的重要补充。这一工具的针对性日益凸显，因为在这些国家中，很多都需要推动国内增长源，以抵消对发达经济体出口下降带来的不利影响，这些发达经济体正深陷危机之中。即使财政空间有限，提高最低工资也能使增长源恢复平衡。

- 本章指出，若要在当前危机期间获得上述好处，需要精心设计最低工资制度。第一，最低工资制度的涵盖范围应该扩大。在可以获得数据的151个国家中，约有半数国家缺乏全面的最低工资制度。涵盖范围窄降低了最低工资这个需求管理工具的有效性，还有引发企业与部门进行不公平竞争的风险。

- 第二，应该仔细考量最低工资水平。水平过低会降低最低工资的针对性；过高会引发企业拒绝遵从最低工资法的风险。设定最低工资是一件复杂的事情。本章提供了有关近期创新做法的有趣的看法，其中包括哥斯达黎加和印度的做法。这些国家通过定期更新最低工资制度实现了更高的合规率，还获得了社会合作伙伴的参与，并完善了执法制度。

- 第三，完善的设计有助于实现提高非正规经济收入的目标，并缓解工资不平等问题。本章发现，在多数国家中，最低工资与非正规经济中的收入之间存在正相关的关系，可对此进行详细分析。合规程度高的国家能够缓解工资不平等问题。

- 第四，实证分析表明，在发展中国家，最低工资对就业水平的直接影响往往很小或不甚明显。然而，如果精心设计最低工资制度，最低工资可以对开发新市场和增加总需求产生重大的间接影响，从而带来新的投资机会，并增加工作岗位（见第四章）。

引言

近年来，各界越来越关注最低工资在改善低收入工作者的生活水平并进而促进社会公平、恢复国家经济平衡方面的作用。在巴西，更为有力的国家最低工资计划以及“家庭补助计划”（即有条件的现金转移计划）是两大最受赞誉的减贫举措，而减贫则拉动了巴西的经济增长动力。[1] 在中国，各省相应增加最低工资已经成为缓解不平等、恢复经济平衡这个战略的重要组成部分，在出口需求下降和以投资为主导的经济增长减缓的情况下，成功地刺激了国内消费。在英国，最低工资制度早在20世纪初就已制定，但在80年代被废除，之后又在90年代重新实施。一项政治专家的调研显示，英国的全国最低工资制度是一项成功的政府政策。[2] 在美国，情况也同样如此。很多人认为，提高最低工资是减少贫困、降低不平等的重要手段，可以刺激经济增长，还会对财政产生有利影响，其中包括降低脱贫计划成本，提高税收收入。[3]

本章着重探讨最低工资政策对恢复国内经济平衡所具有的潜在作用。首先，本章回顾了最低工资与总需求之间的联系，其中包括有关最低工资对不平等、贫困和就业的影响的最新研究成果。

接着，本章就最低工资对总需求的影响审视了这一影响对最低工资制度具体设计特征（第二节）的依赖性。本章还分析了最低工资的作用，重新估算部分国家有权领取最低工资的工作者的占比，阐述各国最低工资制度涵盖的不同范围。第二节强调制定合适的最低工资的重要性，它既满足工作者及其家庭需求，又考虑了经济因素，以免对宏观经济和就业产生不利影响。该节比较了不同国家群组中的最低工资水平，估算出一套文献中常用的指标。该节还强调，最低工资的有效性最终取决于合规性和执法制度。最后，第三节探讨了最低工资对总需求和就业产生的影响，并将第二节所述的最低工资制度设计特征纳入考量。

---

1 参见，例如“A specral report on business and finance in Brazil”，《经济学人》，2009年11月14日，de Melo等人（2012年）。

2 见网站 http：//www. instituteforgovernment. org. uk/pdfs/PSA_survey_r esults. pdf 和 http：//www. bbc. co. uh/news/uk-politics-11896971？print=true。

3 “US minimum wage rise make sense”，《金融时报》，2013年2月20日。

第一节　最低工资与就业：文献回顾

最低工资有助于恢复经济平衡……

正如第一章所述，全球危机对众多国家的劳动力市场造成了重大的不利影响，且全球经济复苏不均衡。第二章指出，在多数可以获得数据的发达国家，不平等情况（包括工资不平等）加剧，这一情况在发展中和新兴经济体中也非常严重。这表明，复苏成果在各国分布不均。与此同时，众多经济体的平均实际工资都未增长，甚至出现下降。[1] 最新的这些变化表明目前存在两大长期趋势：第一，个人工资分布不均日益加剧；第二，在多数可获得数据的国家的国民收入中，劳动报酬的占比日渐下降。前几年的《世界劳工报告》都指出了劳动收入占比如何随着时间的推移而下降，但其在2009年出现了暂时反弹（国际劳工组织，2011年）。劳动收入占比，即劳动者报酬在国民收入中的占比。[2]

多数情况下，这些趋势造成国内总需求疲软，但在一些国家中，这些效应被依靠债务融资的消费所削弱。在这些国家中，家庭债务取代工资增加，成为消费需求的来源。美国就是这一情况的例证。尽管危机爆发前美国中等收入群体的工资已停止增长，但消费却快速增加，而旺盛的个人消费则伴随着贸易赤字和资金流入。中国、德国、日本等其他国家在面对停滞的国内需求时，采取了出口拉动增长的战略和经常账户盈余的做法。从本质而言，这两大模式是相互关联的，因为一些国家的债务驱动型增长模式是促进其他国家出口拉动型增长的因素。[3] 然而，当前的危机表明，国内和全球不平衡的这种状况是不可持续的。为支持可持续的复苏，出口顺差的国家必须将外部需求来源转换成内部需求来源，以使经济恢复平衡，而出口逆差且依赖于家庭负债的国家则需要将复苏建立在收入拉动型消费和投资的基础上，而非债务拉动型消费和投资。

在这种情况下，如果最低工资制度得以有效制定和实施，其可在渡过危机方面发挥重大作用，因为它可以缓解不平等状况，并通过将资源转移至低收入工作者来支持总需求的增长。这种再次分配的做法可以对需求产生有利影响，因为利用工资进行边际消费的倾向高于利用利润进行边际投资的倾向。[4] 工资上涨也可以促进投资，因为企业只有在预测消费者需求充足的情况下才进行投资（见第四章）。提高下中等收入群体的最低工资会促成消费与投资双双增加的良性循环，还会创造更多的就业机会。

然而，必须谨记的是，这一积极状况并不是唯一可能出现的结果。最低工资对整体宏观经济的影响不仅取决于其如何影响消费与投资，更取决于其如何影响竞争力，是否影响净出口以及影响的程度。因此，最低工资

1　国际劳工组织（2012年）。

2　国际劳工组织（2011年）。

3　Hein和Mundt（2012年）。

4　Herr等人（2009年）；Lavoie（2009年）；Stockhammer（2012年）；Stockhammer等人（2007年）。

的净效应取决于各国的具体情况。在主要依靠海外市场拉动需求且对外开放的小型发展中经济体，如果出口对价格非常敏感，换言之，如果它们主要依靠价格而非质量在竞争中取胜，那么对其而言，制定增加最低工资的战略可能更具挑战性。在其他一些国家中，如果国内需求是拉动经济的主要来源或者出口行业正在提升其在增值链上的地位，那么对这些国家而言，它们在制定最低工资时享有的自由度可能更高。

拉丁美洲经济体的案例可用来阐释最低工资在危机期间推动国内消费所发挥的作用。在这些经济体中，有许多经济体已提高了最低工资，这不仅可以支持消费，还可推动投资与增长。[1] 对这些经济体中的众多经济体而言，提高最低工资也扩大了中产阶级的规模，从而创造了自主增长的空间，并增强了社会凝聚力。值得注意的是，在这种情况下，拉丁美洲是为数不多的社会动荡风险下降的地区之一（第一章）。

……因为最低工资能够缓解不平等状况……

最新的研究对最低工资推动需求的渠道进行了跟踪。首先，最低工资会对消费倾向高的低收入工作者产生再分配效应。在一些发达经济体中，最低工资已被证明可以缓解收入分布底端尾部（50 分位与 10 分位的比值）的工资不平等状况。[2] 比如，在英国，1999—2007 年的最低工资提高与一年一度的底端工资不平等的系统性下降息息相关（Dolton 等人，2010 年），而在美国，最低工资的下降则加剧了收入分布底端尾部的不平等（Autor 等人，2010 年）。

研究还证明最低工资可以缓解发展中经济体的不平等状况这个假设是成立的。[3] 在印度尼西亚，最低工资减少了工资分布底端的工资不平等状况，而在哥伦比亚，最低工资让位于家庭收入分布中 25% 分位数和 80% 分位数的家庭受益。在巴西，最低工资的提高更多地让中等收入群体受益，而非低收入群体。这些研究大多显示，从最低工资制度中受益更多的是低收入、低技能和女性群体。最低工资还会对平均工资产生一定影响。以拉丁美洲为例，最低工资每提高 10%，平均工资就会增加 1%—6%（Cunningham，2007 年）。在尼加拉瓜，最低工资每提高 1%，贫困发生率就会下降 0. 12 个百分点（Alaniz 等人，2011 年），而在洪都拉斯，下降比例为 0. 22 个百分点（Gindling 和 Terrell，2010 年）。

……而不影响就业。

最低工资制度的一大潜在风险是：如果最低工资设置过高，就业就会受到影响。最新研究——特别是微观经济学研究——显示，多数情况下，最低工资对就业的影响很小，或者说没有负面影响。这一说法在最近进行

---

1 拉丁美洲和加勒比经济委员会（2012 年）。

2 比如，可参见 Lee（1999 年）的文章了解美国的情况；参见 Butcher 等人（2012 年），Dickens 和 Manning（2004 年）以及 Dolton 等人（2010 年）的文章了解英国的情况；以及 Vaughan-Whitehead（2011 年）的文章了解其他欧洲国家的情况。

3 这段文章基于下述实证研究：Chun 和 Khor（2010 年）进行的有关印度尼西亚的研究；Arango 和 Pachón（2004 年）进行的有关哥伦比亚的研究；以及 Lemos（2007 年和 2009 年）开展的有关巴西的研究。

的两次实证研究中得到肯定。一次针对的是关于最低工资在美国的影响的64项研究，这次研究得出结论认为，最低工资很少或者说不会对就业产生不利影响（Doucouliagos 和 Stanley，2009 年）。另一次针对的是在15个工业国家进行的55项研究，研究发现不同国家最低工资的影响各不相同，但都很小（Boockmann，2010 年）。现在，很多经济学家都认为，最低工资对就业的影响非常小（Chipman，2006 年）。英国低薪委员会曾委任一家大型研究机构研究新的国家最低工资制度推行10年以来的影响，获得了相同的结论（低薪委员会，2009 年）。金融危机爆发四年后的今天，最新研究依然发现，最低工资很少会对就业产生不利影响。[1] 有一些研究也发现，最低工资会减少青少年和低技能工作者的就业率（Neumark 和 Washer，2008 年）。但就连这些研究也经常发现，最低工资对就业影响甚微，这表明最低工资会普遍增加低收入工作者的收入占比。[2]

目前，也有越来越多的证据可以证明最低工资对发展中经济体就业情况的影响。研究发现，最低工资对就业的影响取决于经济形势、最低工资水平、执法力度以及每个国家的劳动力市场特征和主要制度（Lemos，2004 年）。Ni 等人（2011 年）通过研究中国2000—2005年的数据发现，最低工资对整体就业没有重大影响，因为有一个地区的最低工资阻碍了就业，两个地区的最低工资促进了就业。同样地，在研究巴西1982—2004年的数据过程中，Lemos（2007 年）发现，无论是从工作岗位数量，还是工作时间而言，最低工资对就业都没影响。Rama（2001 年）在研究中发现，如果最低工资翻倍，就会阻碍就业，不过结果取决于企业的规模——如果企业员工少于20人，最低工资就会对就业产生不利影响，但如果是中等和大型企业，最低工资就会促进就业。Suryahadi 等人（2001 年）证实，最低工资每提高10%，就业机会就会减少1.2%。还有很多最新的实证研究也表明，印度尼西亚最低工资的提高与总就业（正规和非正规）人口的增加相关：非正规就业机会的增加将大大弥补正规就业中相应工作岗位的流失（Chun 和 Khor，2010 年；Comola 和 de Mello，2009 年）。

第二节　最低工资制度的主要设计特征

最低工资的有效性首先取决于最低工资制度的法定涵盖范围……

最低工资将资源转移至低收入工作者及其对私人消费的刺激程度取决于诸多关键因素。本章首先探讨最低工资的法定范围。“法定范围”指被纳入最低工资法并有权领取最低工资的工作者。法定范围的大小在很大程度

1　低薪委员会报告（2012 年），第56页；以及 Dolton 等人（2010 年）。

2　Dolton 等人（2010 年）发现，实证研究之所以会获得不同研究成果很大程度上是因为这些研究使用了不同的估算参数或方法、不同类型的数据、不同的指标、不同年龄段的群体以及不同的宏观指标。这不仅加大了比较难度，还加大了明确最低工资对就业的实际影响的难度。

图 3.1　全球最低工资制度

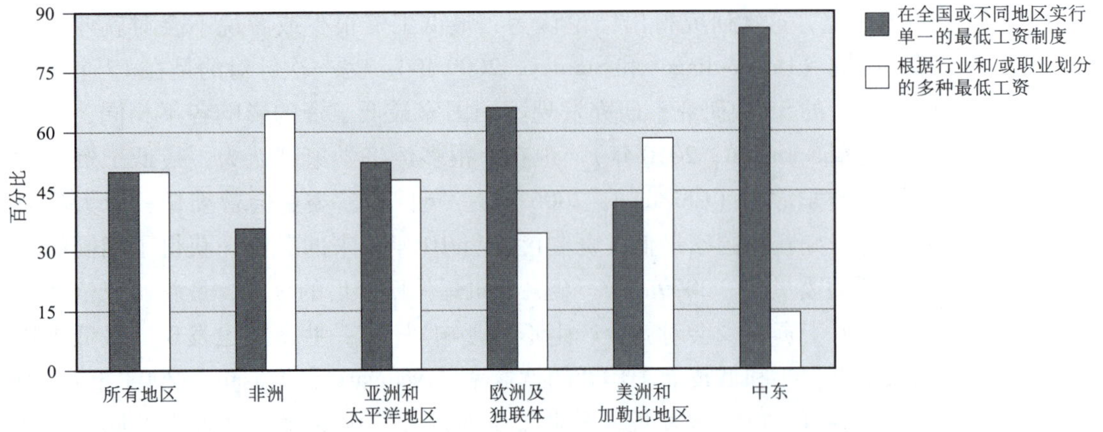

资料来源：国际劳工组织《工作条件法报告》。

上取决于一个国家是否在全国范围内实行最低工资制度，即最低工资制度是否适用于全国范围内工资水平各不相同的工作者（可能有些人例外），还是仅对部分行业或职业实行较为复杂的最低工资制度，且适用范围有限。国际劳工组织的《工作条件法报告》指出，在所评审的 151 个国家和地区中有半数左右在全国范围或某些地区实行最低工资制度，其余的则实行各种不同的最低工资制度，具体实施情况取决于行业和/或职业（见图 3.1）。[1] 不同国家实行一种或多种最低工资制度这个事实往往由历史原因所决定（见专栏 3.1）。

就可领取最低工资的工薪阶层的比例而言，采取全国统一的最低工资标准的国家优于采取按行业划分的最低工资制度的国家。为了解释这一点，我们对未提供相关信息的一些发展中经济体的法定涵盖范围[2]进行了估算，这些经济体包括巴西、哥斯达黎加、印度、印度尼西亚、马里、墨西哥、秘鲁、菲律宾、南非、土耳其和越南。[3] 为了识别涵盖范围，我们将最低工资法所涵盖的工作者类别与调研中收集到的就业数据进行了匹配。比如，如果最低工资法适用于除家政工作者之外的所有工薪阶层，就通过利用家庭调研数据，计算有偿就业率（不含家政行业）与总有偿就业率之间的比例来估算最低工资制度的涵盖范围。该法可轻松应用于采用统一的最低工资制度的国家，但是如果最低工资法将不同类别的工作者纳入考量，估算起来就比较困难。本次分析考量了两个时间段，即 21 世纪中期和 21 世纪末期，以便探讨最低工资法的涵盖范围如何随着时间的推移而变化（参见附录 A，以了解有关估算法定范围所使用的数据来源的详细解释，并参见附录 B，

1　这些最低工资最后要么由政府独自制定，要么由社会合作伙伴或根据专业机构的建议而确定下来（国际劳工组织，2010 年）。

2　本章的法律信息主要用于最新劳动力法规的分析，其中包括劳动法、工资法令等等。本章并未审视或分析司法判决（法理），因为司法判决可能会影响对立法的解读，并不同程度地扩大或缩减最低工资的法定涵盖范围。

3　之所以选择这些国家是因为其代表了不同的最低工资制度、不同的发展水平、不同的体制环境以及不同比例的工薪阶层。

专栏 3.1 国际劳工组织《最低工资公约》：历史回顾

新西兰和澳大利亚于 19 世纪末期最先引入最低工资制度，英国于 1909 年引入该制度，但当时的最低工资制度仅涵盖几个类别的工作者。这些国家制定最低工资制度的主要目的是保护未签署集体合同的工作者以及低收入工作者。所以，最低工资的概念就是一种选择性干预，工资决定权最好由社会合作伙伴控制，而政府仅在特殊情况下才进行干预。根据这一概念，选择性的最低工资有时被视为“次优”选择，即集体谈判制度一旦建立，最低工资制度就被摒弃。因此，以英国为例，英国的劳资协商会被当时的劳动部部长称为“业内一个临时的、权宜性的促进组织，导致雇员或雇主将来无需遵从法律法规”（Starr 引证，1981 年，第 20 页）。第二次世界大战结束后，最低工资制度的涵盖范围才得以扩大，国家最低工资制度也才开始出现在众多国家中。比如，法国于 1950 年推出了国家最低工资制度（saiaire minimum interprofessionelgaranti- SMIG）。在美国，1938 年推出的《公平劳动标准法案》将最低工资的涵盖范围从初始的劳动人口的 20% 扩大到了 1970 年的近 80%（Neumark 和 Wascher，2008 年）。

最低工资制度的历史演变从国际劳工组织公约中也可见一斑。国际劳工组织于 1928 年制定了《最低工资机构公约》（国际劳工组织第 26 号公约），此前，英国政府曾提出了一项议案，旨在保护工作条件最恶劣的工作者，比如家庭雇工和其他一些工作者，这些工作者的收入极低，集体谈判也无济于事。尽管 20 世纪 30 年代的经济大萧条对实施劳动标准提出了大挑战，但是该公约很快就获得了一些国家的批准，其中包括德国（1929 年）、英国（1929 年）、西班牙（1930 年）、中国（1930 年）、法国（1930 年）、爱尔兰（1930 年）、意大利（1930 年）、澳大利亚（1931 年）、智利（1933 年）、哥伦比亚（1933 年）和墨西哥（1934 年）。之后，在 20 世纪下半叶，更多的国家批准了这份公约，其中包括阿根廷（1950 年）、印度（1955 年）、巴西（1957 年）和一大批于 60 年代及之后新独立的非洲国家。因此，这份公约最终被 108 个国家所通过，是国际劳工组织中批准国家最多的公约之一。公约的通过本身就起到了在发达经济体和发展中经济体中传播最低工资策略的一个非常重要的作用。这也成为推动印度及其他几个国家建立最低工资制度的一个关键因素（Sankaran，1997 年）。

值得注意的是，国际劳工组织第 26 号公约仅适用于制造业和商业，不适用于农业，而农业人口在劳动人口中占比很大，发展中经济体尤其如此。此外，最低工资制度的演变也超越了公约的框架。为弥补第一个差异，国际劳工组织于 1951 年制定了《（农业）确定最低工资办法公约》（即第 99 号公约），这份公约是第 26 号公约的重要补充。然而，更重大的进展是 1970 年推出的《第 131 号确定最低工资公约》，这份公约将最低工资视为发展战略的一部分，即“脱贫战略的一系列举措之一”（详情请参见国际劳工组织，1967 年）。虽然第 131 号公约在推出的第一个十年内就快速被许多国家批准，但是自 20 世纪 70 年代国际油价飙升、80 年代影响发展中国家的债务危机，及 80、90 年代的结构调整政策实施之后，形势已发生了改变。

2008 年全球金融危机爆发以来，最低工资制度又一次吸引了政策制定者和经济专家的注意，获得了各国——尤其是发展中国家——的支持，可以作为恢复经济平衡的一大工具。

图 3.2 部分发展中经济体的最低工资法的法定涵盖范围

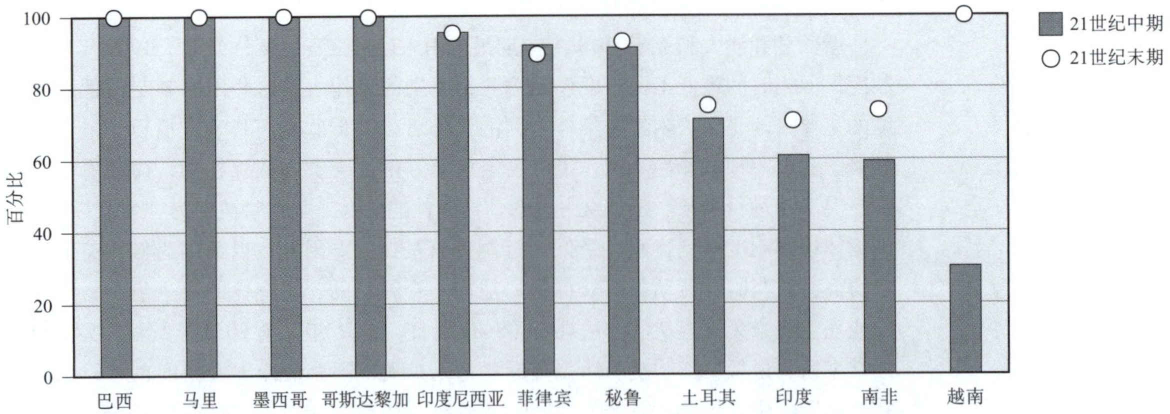

注：本图是对不同国家最低工资法中涉及的依附性就业的占比的估算。该估算囊括了所有国家公共部门中的雇员。

资料来源：国际劳工研究所基于法律信息以及家庭和劳动力调查数据的估算。

以了解所分析国家的最低工资法详情）。[1]

在所分析的国家中，几乎有半数的国家采用全民覆盖的最低工资制度。巴西的例子说明了一个单一的全国最低工资制度如何确保全民覆盖。[2] 巴西的联邦最低工资制度适用于所有工薪阶层，而集体合同只能提供等于或高于联邦最低工资的工资下限。[3] 图 3.2 显示了这样的法规可以提供全民覆盖，这意味着所有工薪阶层都有权申请联邦最低工资。越南自 2010 年开始提供覆盖全民的最低工资。2006 年之前，越南某些地区一直采用仅适用于外企的最低工资制度。2007 年，越南开始扩大最低工资制度的法定涵盖范围，首先将该制度扩大到大城市的国内公司，然后在 2010 年扩大至所有的工薪阶层。印度尼西亚、秘鲁和菲律宾已经实现了几乎覆盖到全民（约 95%）的最低工资制度，因为该制度适用于除了家政工作者之外的所有员工。

在印度和南非，最低工资只适用于特定工作者。印度中央政府为农业、采矿业、炼油业及国营公司的不同岗位共设置了 45 个最低工资率。邦/省政府负责为法定行业中的 1679 个职位类别设定最低工资率。这一做法导致了多种最低工资率的出现，但却未能实现全民覆盖：印度的最低工资法规定，2/3 的工薪阶层（不包括公共部门工作者）有权领取最低工资。在南非，劳动部负责为未包含在集体合同中的行业的弱势工作者设定最低工资，即所谓的“行业决定”，为半数以上的雇员提供法律保护（图 3.2）。

---

1 附录 A 列明了不同的国家、分析发生的时间以及分析中所使用的家庭和劳动力调研。附录 B 指出最低工资法规所涵盖的工作者范围，及无权获取国家最低工资的工作者。为了解释这一点，我们还提供了越南的最低工资比率。最后，我们还提供了有关家庭调研数据中如何将最低工资分配至工作者的信息。

2 尽管公共部门工作者的最低工资由单独的行政程序所设定，但是我们将所分析的所有国家的所有公共部门工作者都纳入了考量，并假定这些雇员的工资都高于最低工资。

3 这条法律同时也指出，对于计件工而言，每件产品的工资应按照不低于一般日最低工资的标准来计算。

图 3.3　部分发展中经济体中依附性有偿就业在总就业中的占比

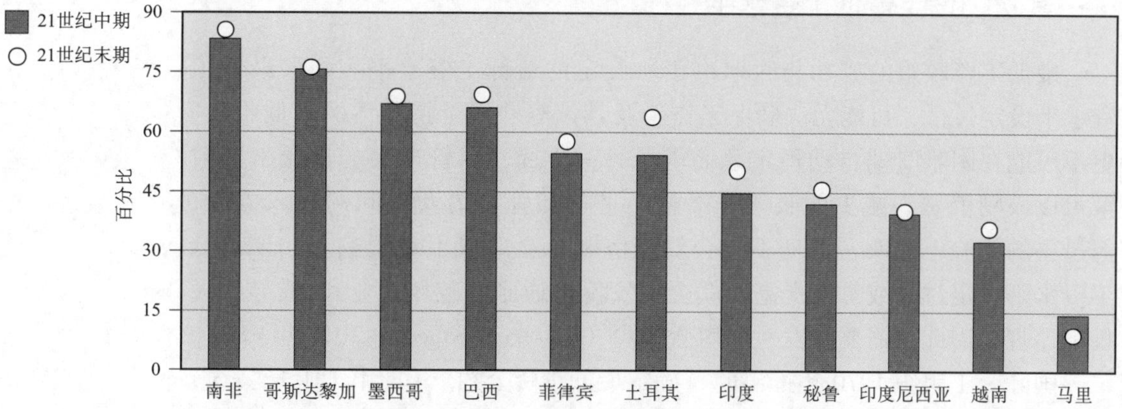

资料来源：国际劳工研究所基于家庭和劳动力调查数据的估算。

然而，并不是所有国家都采用这种简单的做法，也有采用混合制度的，土耳其就是其中一例。土耳其的最低工资制度并未实现全民覆盖，因为该制度仅适用于在社会保障体系中注册的雇员。随着越来越多的雇员在社会保障体系中注册，最低工资的法定覆盖范围从2005 年的71% 增至2011 年的75% 。哥斯达黎加采用了一个复杂的行业与职业最低工资制度。尽管如此，由于该国还推出了国家最低工资标准（即所谓的 *minimo minimorum*）作为这项制度的补充，因此该制度实现了全民覆盖。秘鲁的最低工资制度几乎实现了全民覆盖（除了家政工作者），但是这个制度非常复杂，是一种按照职业划分的制度。墨西哥既推出了一般的最低工资制度，又采用了十分复杂的针对具有地区差异的 80 多种职业的最低工资制度。

许多发展中国家普遍认为，最低工资法并未涵盖经济中的所有行业，比如非正规就业或未设工会的企业。然而，这种观点并不完全正确。在本章所分析的国家中，有一些国家的最低工资法专门针对无技能/低收入的工作者或非正规就业的工作者设定了条款。比如，印度“就业方案”中的最低工资条款专门针对无技能工作者而设——这些无技能工作者多数从事非正规工作。南非为未参加工会的工作者设定了行业最低工资制度。同样，众多拉丁美洲国家，比如巴西、哥斯达黎加、墨西哥和秘鲁也都设定了最低工资法，这些立法针对的是所有工作者，不管其从事哪个行业，其所在公司处于什么地位。

如果最低工资制度未实现全民覆盖，则最低工资针对所有低收入群体所发挥资源再分配的潜能就会被削弱。发展中国家的自雇和无偿家政现象也会进一步破坏最低工资在资源再分配方面的作用，而相较于发达经济体，发展中经济体的自雇和无偿家政现象更普遍。在所分析的 11 个国家中，平均有 52% 的工作者是有偿雇员（一般称为“依附性有偿就业”）。各个地区的比例不尽相同，马里为 10% —20% ，而南非为 80% 以上（图 3.3）。因此，无论是全民覆盖还是不完全覆盖，最低工资制度覆盖的工作者数目要低于预期。这表明，发展中国家必须将最低工资制度与社会保护政策相结合，以最大限度地凸显两种政策在减贫、缓解不平等以及增加总需求方面的积极作用。

……其次，设定最低工资水平……

最低工资政策的成功与否取决于所设定的最低工资水平。如果最低工资水平设定过低，可能无法确保工作者及其家庭获得维持生活的最低收入，更不可能在困难时期自动稳定总需求。另一方面，尽管严谨的最低工资政策可以鼓励消费、减少低收入、缓解不平等和弥合男女之间的收入差距，但过去的经验也表明，管理不善会对经济和社会造成不良影响。如果最低工资水平设定过高或意外提高，就会引发价格通胀、破坏就业和/或导致大规模违规。因此，需要开发一个均衡模式（Belser 和 Sobeck，2012 年）。

国际劳工组织 1970 年推出的《确定最低工资公约》（即第 131 号公约）提出了这一均衡模式。《公约》称，最低工资的设定有赖于社会合作伙伴和独立专家的辅助，并需考量：（1）工作者及其家人的需求，国内一般的工资水平、生活成本、社会保障福利，及其他社会团体的相对生活水平；（2）各种经济因素，其中包括经济发展需求、生产力水平以及实现并维持高就业率的意愿。应定期调整最低工资，以将生活成本及其他经济形势的波动纳入考量范围。

最低工资的一个评估方法是考察最低工资与中等工资之间的比例。英国低薪委员会展开了全国性调查，并将分析对象锁定在全职工作者中。根据这些调查，该委员会估计，2010 年 13 个发达经济体的最低工资水平不同，从日本的中等工资的 37% 到法国的约 60%，而英国的比例则位于这两国之间，为 46%（图 3.4）。

本章对所分析的 11 个发展中经济体的最低工资水平与中等工资及与平均工资之比进行了估算。对于有多项最低工资率的国家，即工资率按地区、行业、职业或企业规模划分的国家，本章估算了其各自的最低工资率加权平均值，然后将之与有偿雇员的中等工资和平均工资进行对比（按照最低工资法，这些有偿雇员都有权领取最低工资）。[1]

分析结果请见图 3.5。在这些国家中，半数左右的最低工资与平均工资之比为 40% 左右（图 3.5，第一组）。该比例非常接近一些发达经济体的比例。根据 75 个国家的数据，国际劳工组织在《2008/2009 年全球工资报告》中指出“各个国家的最低工资与平均工资之比大相径庭，但 40% 这个比例出现得较为频繁”（国际劳工组织，2008 年）。而哥斯达黎加、印度尼西亚、秘鲁、菲律宾、南非和土耳其的比例则更高。

发展中国家的最低工资与中等工资之比相对较高（图 3.5，第二组）。这反映出这样一个事实：在多数发展中经济体，大量工作者都属于低工资群体。实际上，这意味着最低工资的提高会对更多工作者产生影响，进而也影响贫困、不平等和需求等问题的解决。虽然印度尼西亚、菲律宾和南非的最低工资高于中等工资，但这些国家可能会面临执行不力的问题，我们将在下一节对此进行探讨。

1　两个比例均针对属于最低工资制度的法定范围之内且年龄介于 15—64 岁之间的工作者。

图 3.4　部分发达经济体的最低工资在全职中等工资中的占比

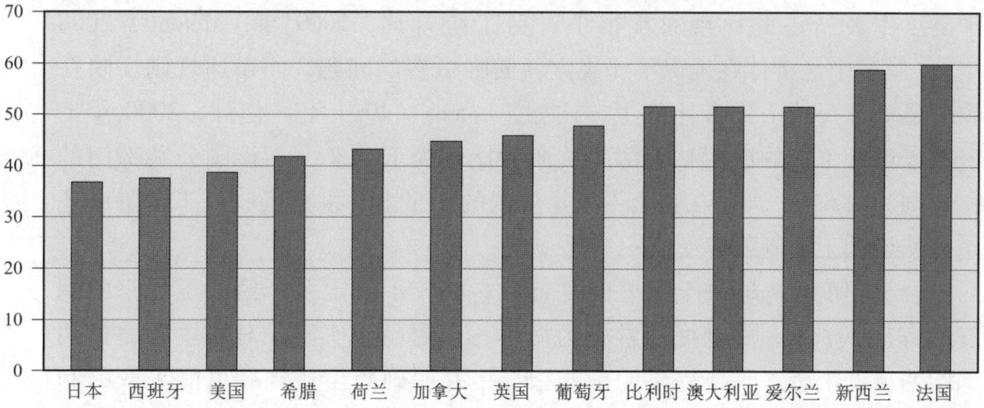

资料来源：低薪委员会报告（2012 年）。

图 3.5　部分发展中经济体的最低工资与平均工资及与中等工资之比

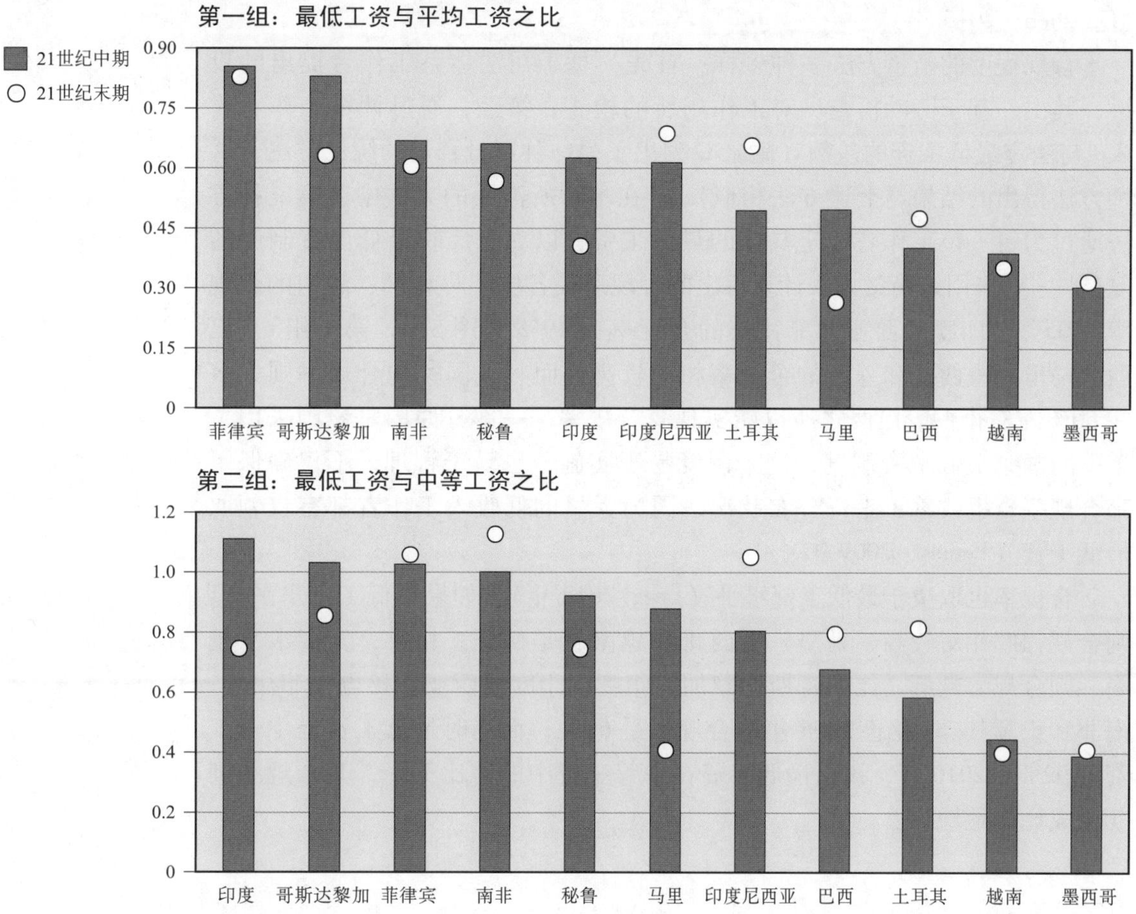

资料来源：国际劳工研究所基于家庭和劳动力调查数据的估算。

……再次，能够确保不违反最低工资规定。

最低工资政策是否有效不仅取决于最低工资的覆盖范围和水平，还取决于合规程度。事实上，“仅简单地设立最低工资法是不够的”（Murgai 和

Ravallion，2005 年，第 2 页）。在发达经济体中，工资低于国家最低工资水平的工作者所占的比重通常很小（劳工统计局，2009 年；Metcalf，2008 年）。发展中经济体在确保不违规方面面临更多的问题，而不违规则反映在领取最低工资的工作者比例上。比如，Lemos（2004 年）估计，2000 年工资低于最低工资的巴西私人部门从业者比例为 13.7%，而该国公共部门的比例则为 4.6%。即使在这个不完全合规的水平上，多数低收入工薪阶层还是能从最低工资制度中受益。

合规程度首先取决于制度的复杂性。相较于设定多个最低工资率的制度而言，一个统一的制度通常更为简单，也更易于实施。对雇主和雇员明确阐明最低工资水平或提供明确的指导，并明确指出违规后可能采取的制裁措施抑或会提高合规程度。第二，如果最低工资设定过高，可能会引发某些行业或职业逃避执行最低工资的风险。第三，若要实现高度合规，需要在提供充分信息、实施有效劳动检查和执行违规制裁的基础上制定统一的战略。在发展中经济体，包括劳动检查在内的监管结构常常缺乏资源和人才，而惩罚措施也过于宽松，无法迫使违规者遵从最低工资规定（Ghosheh，2013 年）。

合规程度的衡量方法多种多样：首先，基于司法体系工作者提出的投诉；其次，基于劳动检查员对工作场所的检查；第三，通过计算工作者收入[1]与法定最低工资的差额（附录 C 列出了另一种衡量合规的统计方法，这种方法得出的结果与上述方法相似）。[2] 在本章所涉及的方法中，第三种方法通过为每一位工作者设定具体的最低工资，以充分反映最低工资制度的复杂性。[3] 采用该衡量方法计算得出的合规率在各国不尽相同：越南的合规率为 95%，印度尼西亚和菲律宾的合规率为 49%（图 3.6，第一组）。巴西、马里、墨西哥和越南的合规率相对较高，而其他国家的合规率则大多在 60% 左右徘徊。巴西之所以能实现高合规率，一部分原因是该国采用了单一的国家最低工资制度，这个制度易于实施，也易于管理，不仅确保了高合规率，也改善了工资分布状况，因为大量的低收入工作者都有权领取最低工资（Lemos，2009 年）。

合规率也取决于最低工资水平（Lee，2012 年）。如果最低工资水平低，则合规程度相对较高，马里、墨西哥和越南就是例证。相反，工资水平越高，则合规率越低，比如哥斯达黎加、印度、印度尼西亚、秘鲁、菲律宾、南非和土耳其。[4] 秘鲁 2005 年的合规率是 60%，而当时最低工资是中等工资的 92%；2010 年，该国最低工资在中等工资中的占比下降，其合规率则几乎成比例地增加。

---

1 工薪阶层的收入根据同等全职岗位的工资调整，这一估算工资被用以与法定的最低工资相对比。

2 在多种最低工资制度下，法定的最低工资是所涵盖劳动人口的工资的加权平均值。

3 事实上，多数分析就业效应及合规情况的研究都忽略了最低工资的复杂性，仅考虑需要分析的最低工资。当然也有一些国家是例外，比如哥斯达黎加（Gindling 和 Trejos，2010 年；Gindling 和 Terrell，2004 年）和南非（Bhorat 等人，2012 年）。这两个国家在分析中考虑了最低工资的复杂性。

4 估算的哥斯达黎加和南非的合规率与 Gindling 和 Trejos（2010 年）以及 Bhorat 等人（2012 年）的研究结果相似。

图 3.6　部分发展中经济体的合规情况与最低工资水平

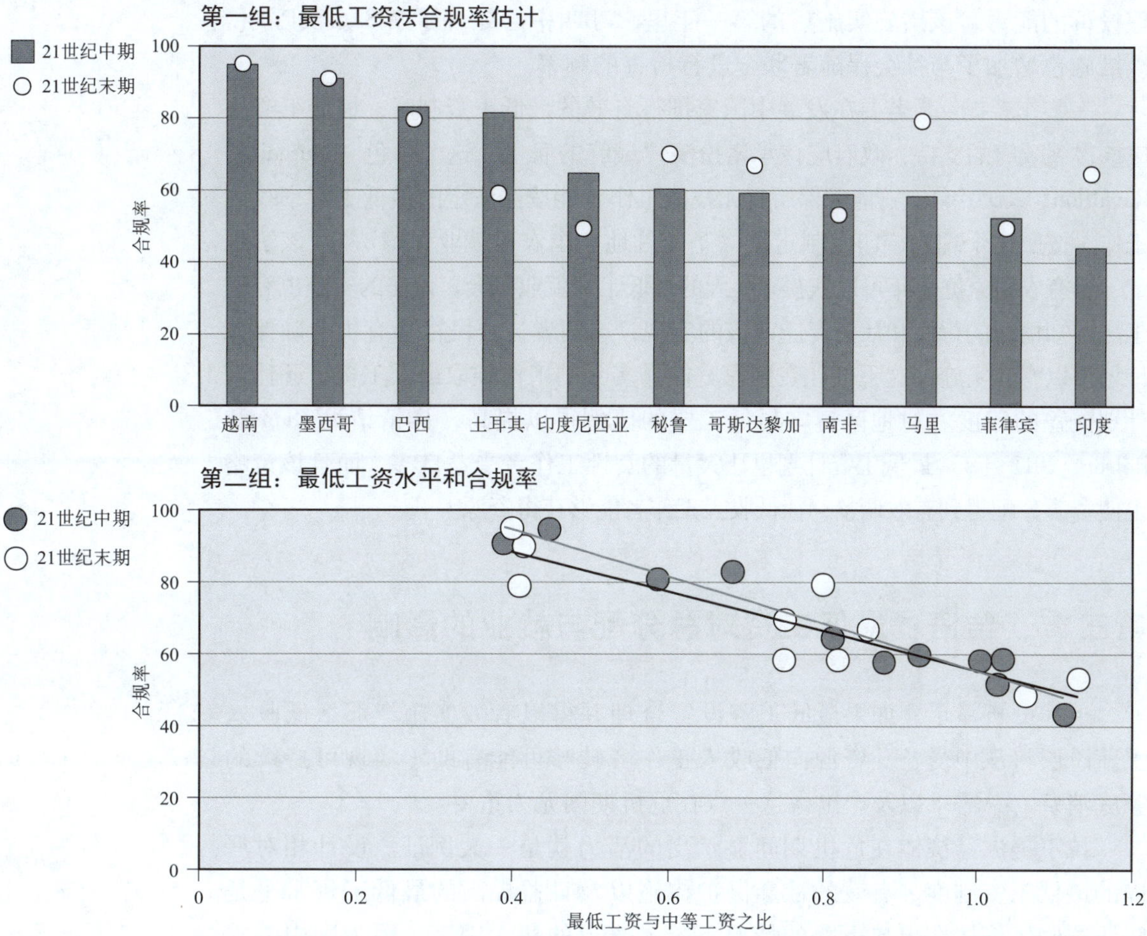

注：第一组显示的是根据文中提到的一个方法估算出的最低工资法合规率。第二组显示的是上一节估算出的最低工资与中等工资之比（横轴）以及第一组所示的合规率（竖轴）。

资料来源：国际劳工研究所基于家庭和劳动力调查数据的估算。

图 3.6 的第二组显示了最低工资水平与合规率之间的关系。概率模型（Probit models）也对此予以了肯定。[1] 值得注意的是，在 21 世纪末期，拟合线较平坦，说明这种联系出现了弱化，工资水平对合规程度的影响减弱。

这表明虽然合规程度与最低工资水平相关，但也与整体的制度环境有关。比如，虽然哥斯达黎加和印度采用了复杂的最低工资制度，而且最低工资水平很高，但这两个国家的合规率也较高，这在很大程度上是因为执行机制得到了完善。哥斯达黎加的最低工资水平也相对较高，但该国还是成功地提高了合规率，这在很大程度上是因为劳动检查员人数增加，进而提高了接受定期检查的企业的比例，定期检查常以多次拜访的形式进行。如果违规多次（被投诉超过 2 次），案子将提交给劳资争议法庭，并最终对违规者处以罚金（Gindling 和 Trejos，2010 年）。此外，在 2010 年 8 月，哥斯达黎加发起了一场全国性的最低工资活动（Campana Nacional de Salarios Minimos），目的是提高合规率。这场活动鼓励工作者指责雇主，指责他们支

1　如有要求，作者可以提供概率模型。

付的工资低于最低工资。该活动还提出了其他措施，比如增强呼叫中心处理投诉的能力，该措施实施后的第一年里，呼叫中心处理了77816次呼叫。该措施也增加了与社会保障署联合进行检查的频率。

一些作者提议，若要在发展中国家推行有效的最低工资制度，最低工资法应该得到政府的支持，政府应该承诺扮演“最终的雇主”这个角色（Murgai和Ravallion，2005年）。这能确保所有无技能工作者能按照法定的最低工资率找到工作。按照这个理念，印度制定了《圣雄甘地全国农村就业保障法》。该法规定，所有农村家庭每年可以获得100天的最低工资就业机会。该法的实施也有赖于法定知情权的行使和社会责任审核的实现，这两者让公民社会有机会确保该计划得以有效实施。这不仅让贫困家庭能靠多天的工作领取最低工资，还让该计划覆盖的印度农村地区遵守最低工资的比例得以提高（详情请见Rani和Belser，2012年）。最低工资计划也让大量的女性工作者受益良多，而且该策略也使资源分配得到有效调整，让低收入工作者能够获得资源。

第三节　结语：最低工资对总分配与就业的影响

上述分析显示，如果最低工资设置合理并得以有效实施，那么低收入工薪阶层将从中受益。资源向低收入工作者转移可能有助于实现可持续的家庭消费、总需求以及产出。这一点在危机期间尤为重要。

拉丁美洲经济体在危机期间显示出的活力就是一大例证。设计相对严谨的最低工资制度、有效的社会保护措施以及日益提高的最低工资水平是防止这些经济体在出口下降的情况下陷入衰退的一大因素，因为国内需求可以维持增长过程（de Melo等人，2012年；拉丁美洲和加勒比经济委员会，2012年）。同样，通过农村就业计划（MGNREGA）的扩张，印度成功地促进了消费（Ravi和Engler，2013年）并刺激了对土地及非农业项目的生产性投资，从而推动了生产性就业（Saraswat，2011年）。

最低工资水平和/或最低工资法合规性的有效性得到提高的同时，非正规经济就业者的收入有较大提高……

非正规经济中最低工资产生的溢出效应[1]会带来总需求的增加。[2] 在所分析的多数国家中，非正规经济就业者的平均收入都得到了提高，增幅因国家而异，总体介于每年0.33%和18%之间（图3.7）。在合规程度最高的国家中（印度和秘鲁），非正规经济就业者的平均实际收入均大幅提高。这或许可反映出最低工资的溢出效应或宏观经济条件的改善（尽管本报告涉及的时间段包括金融危机时期）。然而，印度尼西亚、墨西哥和菲律宾的非正规就业者的工资收入都出现了下降。

1　这被认为是信号（灯塔）效应的例证。该效应假定最低工资是工资谈判的一个信号，因此是工资政策的协调因素（Lemos，2009年）。

2　最低工资对非正规就业者的工资收入和非工资收入产生的溢出效应已经在一些拉丁美洲国家有所记载。具体内容请参见Fajnzylber（2001年）、Carneiro和Henley（2001年）、Lemos（2009年）针对巴西所做的研究；Gindling和Terrell（2004年）对哥斯达黎加所做的研究；Maloney和Núnez（2001年）对哥伦比亚所做的研究。

图 3.7　21 世纪中期至末期非正规经济中的实际收益年度百分比变化

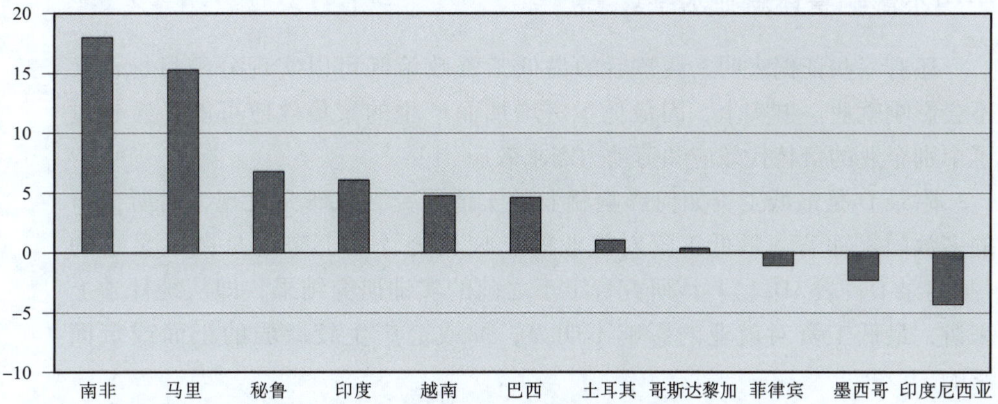

资料来源：国际劳工研究所基于家庭和劳动力调查数据的估算。

……一些国家的工资不平等现象得到缓解……

有证据表明，最低工资水平和/或合规程度的提高往往会提高低收入者的相对地位。尽管合规程度差强人意，但本分析表明最低工资会改善低收入者收入分配不平等的情况，这在印度、马里、菲律宾、南非、土耳其和越南等国尤其明显（表 3.1）。在巴西和秘鲁，最低工资的增加导致工资分布中端的扩张，从而扩大了中等收入者的规模，具体参见第二章。

表 3.1　工资不平等指数，21 世纪中期至末期不平等现象的变化

国家	50%/10%	90%/50%	75%/25%	基尼指数
巴西	0.15	−0.37	−0.48	−0.02
哥斯达黎加	0.34	0.46	0.11	0.03
印度	−0.13	0.25	−0.07	−0.01
印度尼西亚	0.15	0.76	0.34	0.06
马里	−2.37	1.00	−2.83	0.10
墨西哥	0.34	−0.22	−0.07	−0.02
秘鲁	0.11	−0.29	−0.66	−0.04
菲律宾	−0.13	0.21	0.00	0.03
南非	−0.45	−0.90	−0.70	0.00
土耳其	−0.22	0.48	0.02	0.01
越南	−1.71	−0.53	−1.23	−0.15

资料来源：国际劳工研究所基于家庭和劳动力调查数据的估算。

……不影响整体就业水平。

还有一些证据表明，调整后的最低工资政策既可以实现分配目标，又不会影响就业。事实上，因最低工资增加而产生的聚集效应可能已经超过了个别企业的负替代效应和劳动力需求效应。

附录D是最低工资如何影响就业的实证研究。该研究发现，对所分析的多数国家而言，最低工资对就业的影响从统计学上来讲是微不足道的（见附录D，表3D.1）。该研究肯定了之前的实证研究结果，即从统计学上来讲，最低工资对就业的影响不明显，抑或会产生较微弱的正面或负面影响。[1]

总体而言，最低工资对收入分配和就业的影响程度在各国不尽相同，这强调了：（1）最低工资制度的设计特点非常重要；（2）最低工资政策与其他政策——特别是社会保护政策以及第四章将讲述的生产性投资——互为补充的作用也至关重要。

1　Lemos（2004年和2009年）对巴西所做的研究；Chun和Khor（2010年）、Comola和de Mello（2009年）对印度尼西亚所作的研究以及Ni等人（2011年）对中国所作的研究。

附录 A
最低工资涵盖范围的数据来源

国家	数据来源	年份
巴西	巴西统计局（IBGE）开展的全国住户抽样调查（PNAD）	2005、2009
哥斯达黎加	统计数据和人口调查局（INEC）2005 年开展的多目的性家庭民意调查（Encuesta de Hogares de Propositos Multiples）以及 2010 年开展的全国住户调查（ENAHO）	2005、2011
印度	印度政府委托全国抽样调查组织进行的就业与失业情况调查	2004—2005、2009—2010
印度尼西亚	中央统计局（BPS-Statistics）开展的国家劳动力抽样调查（Survei Angkatan Kerja Nasional（SAKERNAS））	2005、2009
马里	家庭就业调查常设机构（EPAM）	2004、2010
墨西哥	国家统计局（INEGI）开展的国家职业和就业调查（ENOE）	2005、2010
秘鲁	国家统计局（INEI）开展的全国住户调查	2005、2010
菲律宾	全国统计局进行的劳动力调查	2003、2009
南非	南非统计局 2007 年展开的劳动力调查，及 2011 年进行的劳动力动态调查	2007、2011
土耳其	土耳其统计局展开的家庭劳动力调查	2005、2011
越南	规划与投资部及国家统计局展开的劳动与就业调查	2007、2011

附录 B
部分发展中国家的最低工资制度详情

法定覆盖范围与合规

最低工资法的工薪阶层覆盖范围

巴西。巴西的法定最低工资划分为国家水平和各州水平。国家最低工资适用于私人部门的所有工作者，包括农村工作者和家政工作者。尽管该立法未将公共部门包括在内，但公职人员法规定，所有公职人员的薪酬均不得低于最低工资。

2000 年起，巴西推行联邦最低工资标准。里约热内卢和南里约格兰德两个州都制定了最低工资标准法，分别于 2000 年和 2001 年生效。在此之后，巴拉那州、圣保罗和圣卡塔琳娜州也分别于 2006 年、2007 年和 2010 年推出了最低工资标准法。联邦最低工资标准按职业或行业划分，联邦层面的职业类别各不相同。在联邦州中，法定范围内的职业或行业的数目也会随着时间的推移而变化。比如，2009 年 6 月，里约热内卢对九个不同行业提供最低工资，而在 2005 年 1 月，这个数目只有六个。最低工资标准法中规定的每个职业类别均符合Classificação Brasileira de Ocupação of Brazil中的四位数类别，以识别不同工作者。

哥斯达黎加。哥斯达黎加的法定最低工资结构十分复杂，它将所有的工作者划分为三大类别。第一类别是非专业工作者，第二类别是专业工作者（genericos），第三类别是领取特殊最低工资的工作者。非专业工作者分为无技能工作者、半技能工作者、技术工作者和特殊工作者，这些工作者可分别领取四种不同的最低工资。技能的定义由劳动部规定的职业和行业决定。可领取最低工资的专业工作者包括无技能工作者、半技能工作者、技术工作者、有中等教育学历的技术工、特殊工作者、接受过高等教育的技术工、拥有大学学历的工作者、拥有四年本科学位的工作者以及拥有五年大学学位的工作者，这些工作者可分别领取不同的最低工资。咖啡采收者、家政服务者、记者、装卸工、门卫、出租车司机、啤酒销售者和送报员可领取特殊最低工资。薪酬法令中规定的每个职业类别均符合《哥斯达黎加职业分类 2000》中的四位数类别，以识别不同工作者。

印度。印度的最低工资制度十分复杂，因为最低工资的设定是为了促进每个邦的“就业计划”的实施，因此并不是所有的工作者都有权领取最低工资。印度为农业、采矿业、炼油业和中央政府所属企业的不同岗位设定了 48 种最低工资率，而邦政府负责为法定行业中的 1123 种岗位制定工资率。每个邦的法定最低工资按职业或行业、性质——公共或私人，及企业规模来划分。各邦最低工资法所涵盖的职业或行业数量千差万别。对于就业计划中设定的职业和行业，其类别的设定与《国家职业分类》吻合，比如 2004—2005 年的调查数据与 1968 年《国家职业分类》相一致；2009—

2010 年的职业分类与2004 年《国家职业分类》一致；2004—2005 年的产业分类与 1998 年《国家产业分类》一致；2009—2010 年的产业分类与 2004 年《国家产业分类》一致。

印度尼西亚。印度尼西亚的最低工资按省划分，覆盖除家政工作者之外的所有工作者，其中包括计件工作者和自由职业者。印度尼西亚的最低工资还按区和街道划分，在省和区类别下，还有行业最低工资，行业最低工资应至少比省或区最低工资高出 5%。行业最低工资条款中划分的行业类别与《国际标准产业分类》（第四版）中的五位数类别一致，以识别不同工作者。

马里。马里的最低工资由国家统一制定，覆盖所有工作者。家政工作者的最低工资主要基于其所提供的服务进行单独划分，共分为七个类别。这七个类别分别为：第一类，缺乏具体职业资质、提供保洁或监督服务的工作者；第二类，具有两年烹饪和园艺经验的家政工作者；第三类，家政工作负责人并具有两年以上烹饪经验；第四类，家政工作者，服务包括烹饪且具有烹饪资质，并能够编制菜单、制作甜点；第五类，具有第四类中所说的有资质的厨师，同时负责家政工作；第六类，指导他人的厨师；第七类，管家。

墨西哥。最低工资委员会负责为某些职业的工作者设定最低工资，最低工资主要按照地域划分，共分为三类。2005 年的最低工资共涵盖 87 个职业、三个地区；2010 年，最低工资的涵盖范围减为 73 个职业。最低工资委员会所设定的职业类别符合墨西哥《职业分类》中的四位数类别，以识别不同的工作者。

秘鲁。秘鲁的最低工资由国家统一制定，覆盖除了家政工作者之外的所有工作者。法定的最低工资主要涵盖六大类别：第一类是一般最低工资，适用于所有不属于其他五类的工作者；第二类适用于从事农业的工作者；第三类适用于从事采矿业的工作者；第四类适用于记者；第五类适用于 45—65 岁的失业者，要求这些失业者正参加一项上岗活动，以重新进入劳动力市场；第六类适用于两类学徒工，一类是为完成中等教育必须进行实习的实习生，另一类是接受职业培训的实习生。第二类至第六类的最低工资基于一般最低工资计算得出。比如，采矿业工作者的最低工资比一般最低工资高出 25%，而注册记者的薪水是一般最低工资的三倍。本次分析未包括后两类职业（即第五类和第六类工作者），因为在调查中我们很难识别这两类工作者。最低工资条款中规定的行业分类与第四版《国际标准产业分类》的四位数类别吻合，以识别不同工作者。

菲律宾。菲律宾的最低工资制度相对复杂，因为其设定了多种最低工资，这些工资因地区和行业不同而不同。小企业还享受各种例外，进而使这一制度变得更为复杂。所有私人部门的工作者均可领取最低工资，而且法律规定公共部门工作者的薪水不得低于最低工资。菲律宾共分为 16 个行政单元或地区，在不同地区，最低工资又因行业不同而不同。比如，在首都地区，最低工资分为五个类别，包括：非农行业；农业（种植与非种植）；可最多容纳 100 张床位的私营医院；雇员人数不超过 15 名的零售/服务业企业；雇员人数不超过 10 名的制造业企业。其他地区的分类与此分类大体类似，但也存在差异。比如，六号地区不分“制造业企业”，但划分了农舍、手工艺和制糖业。2003 年，工资法令中规定的行业类别符合 1994 年菲律宾《标准分类》的两位数类别以及 2009 年的四位数类别，以识别不同工作者。

南非。南非按照行业来划分最低工资，共划分了 11 个行业：零售批发业、家政业、林业、农场、私人警卫业、出租车业、土木工程业、酒店业、保洁承包服务以及从事广告、艺术和文化演出的初学者和儿童。保洁承包服务业率先于 1999 年被纳入最低工资制度范围之内，而最后一个行业（即酒店业）则于 2007 年被纳入其中。不同行业的最低工资根据区域、职业、企业规模和每周的工作时间来划分。由于在劳动力调查中，很难从职业分类中识别从事广告、艺术和文化演出的初学者和儿童，因此这些人并未被纳入此次分析范围之内。

对私人警卫业、土木工程业和零售/批发业等行业而言，最低工资的划分还有赖于一系列的子行业。私人警卫业主要分为：技工、文职助理、文员、通信中心控制操作员、库存控制员、轻型/重型车辆驾驶员、一般工作者和零活工，安保官员进一步划分为 A—E 五个级别。相似地，在土木工程业，2007 年最低工资的结构变得非常复杂，工作者被划分为九个任务等级，每个任务等级又分为多个子类别。任务等级 1 包括一般工作者；任务等级 2 包括技工助理、建筑工（第 4 等级）、操作员（第 5 等级）、审核员与司链员；任务等级 3 包括建筑工（第 3 等级）、操作员（第 4 等级）和现场支持（初级文员）；任务等级 4 包括建筑工（第 2 等级）、操作员（第 3 等级）、驾驶员（第 2 等级）和现场支持（材料测试员）；任务等级 5 包括建筑工（第 1 等级）、操作员（第 2 等级）、驾驶员（第 1 等级）和现场支持（调研助理）；任务等级 6 包括操作员（第 1 等级）；任务等级 7 包括总监（第 2 等级）；任务等级 8 包括总监（第 1 等级）和任务等级 9 包括技工。行业工资规定中对每个子行业的设定都符合南非《国家职业分类》的四位数类别，以识别不同工作者。

土耳其。《劳动法》第 39 条规定，最低工资确定委员会至少每两年确定针对签订劳动合同的工作者的最低工资率，但这与其是否被纳入劳动法无关。土耳其对成年工作者设定了全国统一的月度最低工资率，而这与他们所处的行业或职业无关，未满 16 岁的工作者可以领取较低的月度最低工资。土耳其的家庭劳动力调查并未对工作者是否签订劳动合同进行调查。因此，为了开展本次分析，我们考虑了工作者签订社会保障合同的情况。所有未签订社会保障合同的工作者都被排除在此次分析之外。

越南。越南的最低工资涵盖两大类工作者，而且最低工资因地区不同而不同。第一类工作者是指越南外资公司、外国机构和组织、国际组织的雇员以及外籍人士。第二类工作者包括越南国内公司、企业、合作社、合作集团、农场、家庭和个人及其他雇主所雇员工。2007 年，最低工资适用于三大地区第一类别的所有工作者，而在第二类别中，最低工资只适用于大城市的工作者。因此，小城市和农村地区的工作者实际上被排除在最低工资法之外。然而，在 2011 年，最低工资法的涵盖范围扩大到两大类别的所有工作者，且地域不限。

为最低工资法所涵盖的工作者确定最低工资

为了给所分析的每一位工作者确定对应的法定最低工资，我们参考了工资法令、行业工资决议或各国官方法令中规定的官方最低工资。如果数据集中的每一位工作者所从事的职业或所处的行业已经涵盖在其所在国的官方法令之中，那么这些工作者就会获得法定最低工资。如果一个国家设定了多种最低工资，最低工资法会阐明不同级别的最低工资信息，然后就可以根据家庭或劳动力调查中使用的职业分类和最低工资法定的职业类别的比较结果，来确定工作者的法定最低工资。多数情况下，比较两类职业分类并不困难，因为有详细的信息可以参考。

然而，有的时候由于缺乏调查信息，比较很难进行。比如，在菲律宾，最低工资法允许员工人数低于10名的零售/服务企业的工作者与雇员以及微型企业（根据总资产规模划分）的工作者不遵从《工资合理化法案》。企业类型根据总资产来限定。由于劳动力调查中未获得有关企业及其资产规模的信息，因此很难将这些工作者排除在最低工资范围之外。在这种情况下，我们将范围之内的所有工作者都纳入考量，其中包括小微企业的工作者。

比如，在哥斯达黎加，为了给所分析的每一位工作者确定法定最低工资，我们采纳了官方法令所规定的法定最低工资。由于哥斯达黎加的最低工资制度主要按职业和技能划分，十分复杂，数据集中的每一位工作者都会按照自身所从事的职业、技能水平和教育水平获得最低工资。要想为工作者确定法定最低工资，需要对家庭调查中所使用的技能、教育和职业分类与最低工资法中规定的具体的技能、职业和行业类别进行比较。虽然家庭调查和最低工资法都对这些类别进行了详细的界定，但是有些定义还是有所差异。根据比较结果，我们会为每一位工作者确定法定最低工资。

虽然我们十分认真地比较了家庭与劳动力调查和最低工资法对类别的界定，但是在比较过程中，我们可能也犯了某些错误。

最低工资

为了方便解释，我们在此提供了2011年越南的各项最低工资。分析中涉及的地区涵盖范围与2011年第107/2010/ND-CP和第108/2010/ND-CP号法令中的范围一致。

表3B.1　2011年越南的月度最低工资

	适用于越南外资企业、国外机构与组织、国际组织中的越南工作者，及外籍人士的最低工资	适用于越南国内公司、企业、合作社、合作集团中的工作者、家庭、个人及其他组织中的工作者的最低工资
地区I	1550000越南盾	1350000越南盾
地区II	1350000越南盾	1200000越南盾
地区III	1170000越南盾	1050000越南盾
地区IV	1100000越南盾	830000越南盾

附录 C
最低工资附近的工资分布

可以采用多种方法估算法定最低工资如何影响采用核密度估计得出的工资分布。一个简单的方法就是研究最低工资层面上或接近最低工资的工资分布突出点，以推断与法案的合规程度及影响程度。所分析的国家中，由于有一些国家设有多种法定最低工资，核密度估计仅仅是每一位工作者的实际工资对数与最低工资对数之差[1]（具体结果可见图 3C. 1），该图针对的是本次分析的两个阶段。这个方法可以审视复杂的最低工资结构是如何影响工资分布。图中的“零”线工作者的工资与法定最低工资相同，而零线以上（以下）的值表明工作者的工资高于（低于）法定最低工资。

在发展中国家，最低工资水平上的收入分布突出点各不相同。巴西、哥斯达黎加、印度尼西亚、菲律宾和南非的最低工资水平的突出点非常明显，而马里、墨西哥、秘鲁或越南的突出点则不明确。最低工资水平附近的陡峭部分显示了最低工资对工资分布的影响。按照时间的推移进行分布对比时，巴西和哥斯达黎加的分布突出点紧靠零线，这说明与第一年相比，第二年的最低工资更具约束力。在巴西，工资等于最低工资的工作者占比[2]从 18% 提高到 23%，而在哥斯达黎加这一比例则从 18% 增至 24%。由于执法机制得到改善，哥斯达黎加的最低工资已更具约束力。在巴西，分布中部有很明显的压缩效应，这说明 21 世纪末期，巴西中产阶级的规模扩大（第二章）。在印度和土耳其等国家，21 世纪末期最低工资的约束力减弱，而工资水平接近最低工资的工作者占比下降，降幅超过 4 个百分点。

1　其他研究也运用了该方法，具体参见 Gindling 和 Terrell（2004 年）。

2　“领取最低工资的工作者”包括工资为最低工资的 90%—110% 的工作者。

图 3C. 1　工薪阶层的工资分布与法定最低工资的比较

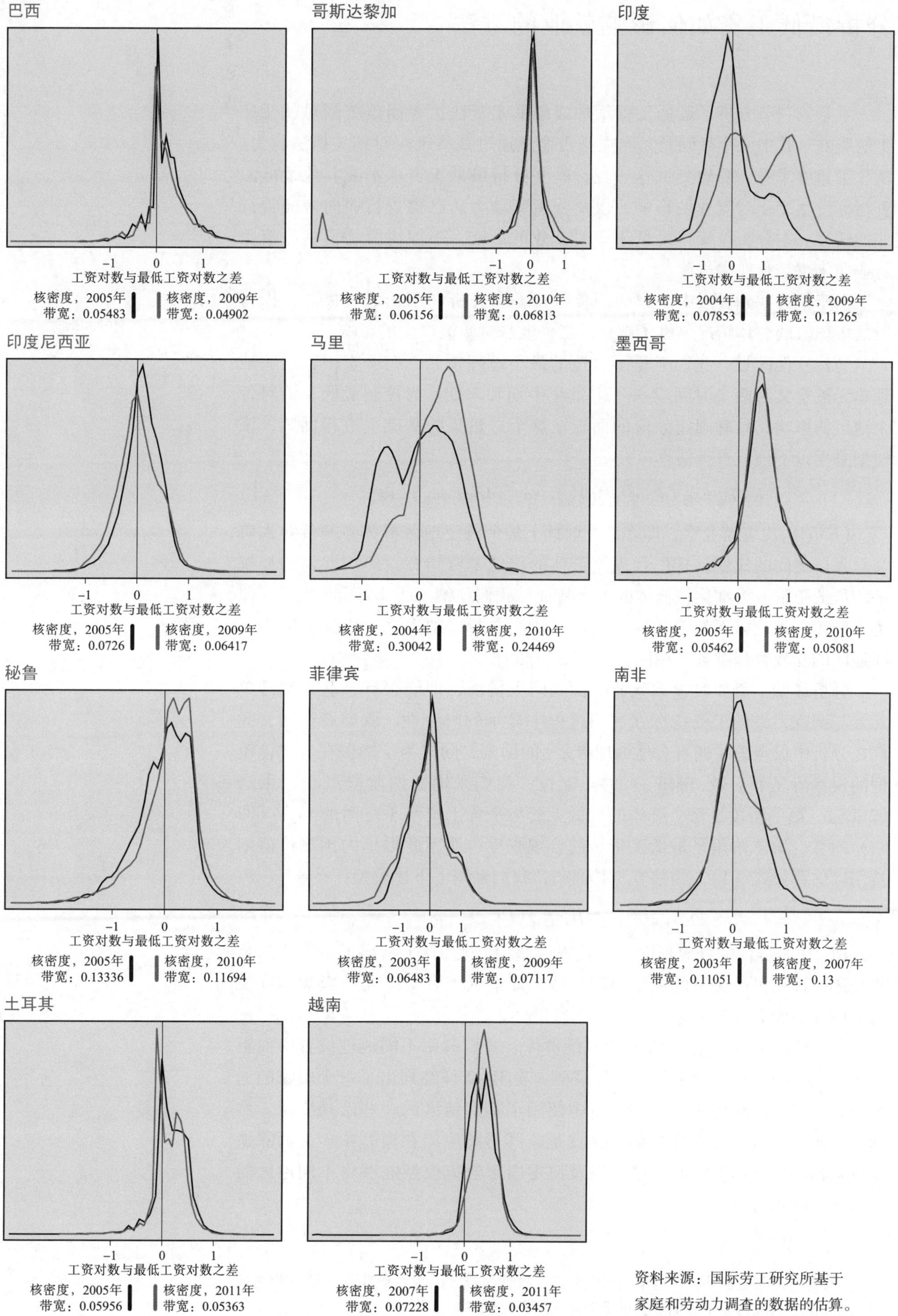

资料来源：国际劳工研究所基于家庭和劳动力调查的数据的估算。

附录 D
分析最低工资如何影响就业的方法

本章第三节分析了最低工资增加或最低工资法扩大涵盖范围对就业产生的影响。其中一个疑问是，雇主是否愿意通过裁员来应对相关执法行为。从政策角度来看，要想测试这一点，就要分析最低工资水平或其他最低工资指标发生变化对就业的影响，也要分析劳动力从已覆盖行业向未覆盖行业的转移。本分析仅探讨最低工资对就业的影响，不探讨劳动力从已覆盖行业向未覆盖行业的过渡。

由于很难找到发展中国家的面板数据，本分析利用伪面板概念，探讨发展中国家的总体情况，以了解最低工资上涨对政策产生的影响。

为建立伪面板，我们考量了合适的最小地理单元，在调查中，这些地理单元被定义为两个时间段——21 世纪中期和末期。为控制最低工资对各个地区的影响，具有固定效应的面板在这个总量集的基础上进行回归，该模型采用以下公式进行估算：

$$EMP_{ct}=\alpha_0+\alpha_1\log\left(MW_{ct}\right)+\alpha_2\left(LowEdu_{ct}\right)+\varepsilon_{ct} \qquad (1)$$

$(EMP)_{ct}$代表就业率，即在某个时间 t 某个特定地区群体 c 的就业人口与总人口之间的比例，MW_{ct}代表该群体的最低工资指标，即该群体的加权平均最低工资。为细化该群体的个人特征，我们还纳入了 LowEdu 指标，即每个群体小学及以下教育程度的人口占比。之所以纳入这个指标是因为不同地区的受教育程度各不相同。

分析最低工资如何影响就业时面临两大挑战，即能否有合适的地理单元参与调查，最低工资指标在回归过程中显示的内生性。就前者而言，我们在分析中仅考虑了拥有合适地理单元[1]的国家，同时为了确保在考虑该模型的误差情况下对数（MW_{ct}）的正交性，我们采用了两阶段最小二乘法(2SLS)。第一阶段是每个群体的最低工资与平均工资水平之间的工具（回归）对数，第二阶段是最低工资法的合规程度，而因此得出的预测价值则被用以估算公式（1）。为估算工具回归，我们采用了下述模型：

$$\log\left(MW_{ct}\right)=\beta_0+\beta_1\left(DC_{ct}\right)+\omega_{ct} \qquad (2)$$

DC_{ct}代表群体的合规程度；ω_{ct}代表误差项。表 3D. 1 给出了本分析的最终结果，该结果与文献的主要内容一致，即最低工资对就业的影响程度要么不明显，要么接近于零。

本分析的分析对象为 15—64 岁的群体。我们利用不同地理位置中面板对聚合数据的固定效应来估算各种模型。表 3D. 2 详细列出了每个国家的地理单元、时间段和变量。本次分析中使用了不同地区的一些宏观变量。然而，由于缺乏这些宏观变量的地区变量，其不能应用在模型中。为消除遗漏变量偏误，我们假定面板结构以及使用固定效应模型能够将不同地区的宏观变量纳入考量。

1　只有哥斯达黎加例外，对这个国家的分析一次性完成，因为我们获得了该国相关的地区信息。该国今年的地理变量足以让我们借助 OLS 完成本次分析。

表 3D. 1　最低工资对就业的影响（工具变量回归）

	因变量：就业率					
	巴西	哥斯达黎加	印度	墨西哥	秘鲁	越南
对数（MW）	1. 720	1. 983	-0. 620	-1. 35*	1. 384*	-0. 144
	（2. 02）	（1. 14）	（0. 58）	（0. 55）	（0. 64）	（0. 153）
小学及以下教育程度	5. 048	-14. 66**	33. 25**	-2. 449	12. 35**	10. 54**
	（4. 27）	（2. 76）	（10. 61）	（2. 21）	（3. 25）	（2. 79）
恒定值	56. 18***	-14. 66***	33. 25**	-2. 49	12. 35**	10. 54***
	（10. 85）	（10. 14）	（7. 39）	（1. 87）	（2. 78）	（0. 86）
R^2	0. 011	0. 158	0. 076	0. 007	0. 261	0. 031
观测数目	54	359	140	1971	1687	125

注：括号里注明了标准误差。* $p < 0.05$，** $p < 0.01$，*** $p < 0.001$

资料来源：国际劳工研究所基于家庭和劳动力调查的数据的估算。

表 3D. 2　分析最低工资对就业影响所涉及的时间段和变量

国家	模型特点
巴西	分析年份：2005、2009；衡量单元：联邦单元，每年都有 27 个单元；方法：具有固定效应的面板回归
哥斯达黎加	分析年份：2010；衡量单元：只有 2010 年的调查，该调查将 359 个区作为一个地理单元；方法：OLS（考虑地理变量）
印度	分析年份：2004—2005 和 2009—2010；衡量单元：区，每年有 70 个区参与调查；方法：具有固定效应的面板回归
墨西哥	分析年份：2005 和 2010；衡量单元：城市，2005 年有 1070 个城市，2010 年有 1068 个城市参与调查；方法：具有固定效应的面板回归
秘鲁	分析年份：2005、2010；衡量单元：地区，2005 年有 877 个、2010 年有 974 个地区参与调查；方法：具有固定效应的面板回归
越南	分析年份：2007、2011；衡量单元：省，2007 年有 64 个、2011 年有 65 个省参与调查；方法：具有固定效应的面板回归

参考文献

Alaniz, E.; Gindling, T.H.; Terrell, K. 2011. "The impact of minimum wages on wages, work and poverty in Nicaragua", in *Labour Economics*, Vol. 18, Supplement 1, pp. S54-S59.

Arango, C.A.; Pachón, A. 2004. *Minimum wages in Colombia: Holding the middle with a bite on the poor.* (Bogota, Central Bank of Colombia), unpublished.

Autor, D.H.; Manning, A.; Smith, C.L. 2010. *The contribution of the minimum wage to U.S. wage inequality over three decades: A reassessment*, NBER Working Paper No. 16533 (Cambridge MA, National Bureau of Economic Research).

Belser, P.; Sobeck, K. 2012. "At what level should countries set their minimum wages?" in *International Journal of Labour Research*, Vol. 4, No. 1, pp. 105-27.

Bhorat, H.; Kanbur, R.; Mayet, A. 2012. "Minimum wage violation in South Africa: Low-paid work in emerging economies", in *International Labour Review*, Vol. 151, No. 3; pp. 277-287.

Boockmann, B. 2010. *The combined employment effects of minimum wages and labour market regulation: A meta-analysis*, IZA Discussion Paper No. 4983 (Bonn, IZA).

Bureau of Labor Statistics. 2009. *Characteristics of minimum wage workers: 2008.* (Washington, DC, United States Department of Labor).

Butcher, T.; Dickens, R.; Manning, A. 2012. *Minimum wages and wage inequality: Some theory and an application to the UK*, CEP Discussion Paper No. 1177 (London, The London School of Economics and Political Science).

Carneiro, F.G.; Henley, A. 2001. *Modelling formal versus informal employment and earnings: Micro econometric evidence for Brazil*, Working Paper No. 2001-15 (Aberystwyth, School of Management and Business, Aberystwyth University).

Chipman, K. 2006. "Higher minimum wage no longer seen as sure-fire U.S. job killer", in *Bloomberg.com* (News). Available at: http://www.bloomberg.com/apps/news?pid=20601070&sid=atp2MiOAZ3Xc&refer=home# [11 Apr. 2013]

Chun, N.; Khor, N. 2010. *Minimum wages and changing wage inequality in Indonesia*, ADB Economics Working Paper series No. 196 (Manila, Asian Development Bank).

Comola, M. ; de Mello, L. 2009. *How does decentralised minimum-wage setting affect unemployment and informality? The case of Indonesia*, OECD Economics Department Working Paper No. 710 (Paris, OECD).

Cunningham, W.V. 2007. *Minimum wages and social policy: Lessons from developing countries.* (Washington, DC, World Bank).

de Melo, F.L.B.; Figueiredo, A.; Mineiro, A.S.; Mendoca, S.EA. 2012. "Rescuing the minimum wage as a tool for development in Brazil", in *International Journal of Labour Research*, Vol. 4, No. 1, pp. 27-44.

Dickens, R.; Manning, A. 2004. "Has the national minimum wage reduced UK wage inequality?", in *Journal of the Royal Statistical Society*, Series A (Statistics in Society), Vol. 167, No. 4, pp. 613–626.

Dolton, P.; Rosazza-Bondibene, C.; Wadsworth, J. 2010. *Employment, inequality and the UK national minimum wage over the medium-term*, IZA Discussion Paper Series No. 5278 (Bonn, IZA).

Doucouliagos, H.; Stanley, T.D. 2009. "Publication selection bias in minimum-wage research? A meta-regression analysis" in *British Journal of Industrial Relations*, Vol. 47, No. 2, pp. 406-428.

Economic Commission for Latin America and the Caribbean (ECLAC). 2012. "Preliminary overview of the economies of Latin America and the Caribbean" (Santiago, Chile, ECLAC), United Nations).

Fajnzylber, P. 2001. "Minimum wage effects throughout the wage distribution: Evidence from Brazil's formal and informal sectors", paper provided by ANPEC – Associação Nacional dos Centros de Pósgraduação em Economia [Brazilian Association of Graduate Programs in Economics] in its series Anais do XXIX Encontro Nacional de Economia [Proceedings of the 29th Brazilian Economics Meeting] No. 98 (Ingá Niterói, RJ, ANPEC).

Ghosheh, N. 2013. *Wage protection legislation in Africa*, Conditions of Work and Employment Series No. 38 (Geneva; ILO).

Gindling, T.H.; Terrell, K. 2004. *Legal minimum wages and the wages of formal and informal sector workers in Costa Rica*, IZA Discussion Paper No. 1018 (Bonn, IZA).
—;—. 2010. "Minimum wages, globalization and poverty in Honduras" in *World Development*, Vol. 38, No. 6, pp. 908-918.
—;Trejos, J.D. (2010) *Improving compliance with legal minimum wages in Costa Rica*, Working Paper No. 127, Department of Economics (Baltimore, MD, University of Maryland.
Hein, E.; Mundt, M. 2012. *Financialization and the requirements and potentials for wage-led recovery – a review focusing on the G20*, Conditions of Work and Employment Series No. 37, Conditions of Work and Employment Branch (Geneva, ILO).
Herr, H.; Kazandziska, M. Mahnkopf-Praprotnik, S. 2009. *The theoretical debate about minimum wages*, Global University Working Papers, Paper No. 6 (Kassel and Berlin, Global Labour University).
International Labour Office (ILO). 2011. *World of Work Report 2011: Making markets work for jobs* (Geneva).
—. 2012. *Global Wage Report 2012/13: Wages and equitable growth.* (Geneva).
—. 2010. *Global Wage Report 2010/11: Wage policies in times of crisis.* (Geneva).
—. 2008. *Global Wage Report 2008/09: Minimum wages and collective bargaining. Towards policy coherence.* (Geneva).
—. 1967. Report of the meeting of experts on minimum wage fixing and related problems, with special reference to developing countries, presented at the 170th session of the Governing Body of November 1967, Geneva
—. Various years. *Working Conditions Report.*
Lee, D.S. 1999. "Wage inequality in the United States during the 1980s: Rising dispersion or falling minimum wage?" in *The Quarterly Journal of Economics*, Vol. 114, No. 3, pp. 977–1023.
Lavoie, M. 2009. *The perverse effects of declining wages*, Presentation to the International Labour Conference, ILO Geneva, June 2009. Available at: http://www.ilo.org/public/libdoc/ILC2009/TD6/Lavoie%20TD6.pdf [11 Apr. 2013].
Lee, S. 2012. ""Varieties of minimum wage system" through the dubious lens of indicator-based country rankings", in *International Labour Review*, Vol. 151, No.3, pp. 261-275.
Lemos, S. 2009. "Minimum wage effects in a developing country" in *Labour Economics,* Vol. 16. No. 2, pp. 224-237.
—. 2007. "Minimum wage effects across the private and public sectors in Brazil", in *Journal of Development Studies*, Vol. 43, No. 4, pp. 700-720.
—. 2004. "The effect of the minimum wage on prices", IZA Discussion Paper No. 1072 (Bonn, IZA).
Maloney, W.F.; Nuñez, J. 2001. *Measuring the impact of minimum wages: Evidence from Latin America*, Policy Research Working Paper No. 2597 (Washington DC, The World Bank).
Metcalf, D. 2008. "Why has the British national minimum wage had little or no impact on employment?", in *Journal of Industrial Relations*, Vol. 50, No. 3, pp. 489-512.
Murgai, R.; Ravallion, M. 2005. "Employment guarantee in rural India: What would it cost and how much would it reduce poverty?", in *Economic and Political Weekly*, Vol. 40, No. 31, pp. 3450-3455.
Ni, J.; Wang, G.; Yao, X. 2011. "Impact of minimum wages on employment" in *The Chinese Economy*, Vol. 44, No.1, pp.18.38.
Neumark, D.; Wascher, W.L. 2008. *Minimum wages* (Cambridge, MA, MIT Press).
Rama, M. 2001. "The consequences of doubling the minimum wage: The case of Indonesia", in *Industrial and Labor Relations Review*, Vol. 54, No, 4, pp. 864-881.
Rani U.; Belser, P. 2012. "The effectiveness of minimum wages in developing countries: The case of India", in *International Journal of Labour Research*, Vol. 4, No. 1, pp. 45-66.
Ravi, S.; Engler, M. 2013. "Workfare as an effective way to fight poverty?: The case of India's NREGS", Available at: http://ssrn.com/abstract=1336837 [10 Apr. 2013].
Sankaran, S. R. 1997. "Minimum Wage Legislation", in *The Indian Journal of Labour Economics,* Vol. 40, No. 4, pp. 705-13.

Saraswat, D. 2011. *Effect of employment guarantee on access to credit: Evidence from rural India*, Munich Personal RePEc Archive (MPRA) Paper No. 34671 (Munich, Munich University Library).

Starr, G.F. 1981. "Minimum wage fixing: International experience with alternative roles" in *International Labour Review*, Vol. 120, No. 5, pp. 545-562.

Stockhammer, E. 2012. "Why have wage shares fallen? A panel analysis of the determinants of functional income distribution", Conditions of Work and Employment Series No. 35, Conditions of Work and Employment Branch (Geneva, ILO).

—.; Onaran, Ö.; Ederer, S. 2007. *Functional income distribution and aggregate demand in the Euro-area,* Working Paper No. 102, Department of Economics (Vienna, Vienna University of Economics).

Suryahadi, A.; Sumarto, S.; Maxwell, J. 2001. *Wage and employment effects of minimum wage policy in the Indonesian urban labor market*, SMERU Research Report (Jakarta, The SMERU Research Institute).

The Low Pay Commission (LPC). 2012. *National minimum wage: Low pay commission report 2012* (London, Low Pay Commission).

—. 2009. *National minimum wage: Low pay commission report 2009* (London, Low Pay Commission).

Vaughan-Whitehead, D. 2011. *Work inequalities in the crisis: Evidence from Europe* (Cheltenham and Geneva, Edward Elgar and ILO).

第四章
开展投资，促进就业市场复苏

主要研究成果

- 从全球范围而言，投资占 GDP 中的比重较危机前水平低约 1 个百分点。2012 年，新兴经济体的投资占全球投资总额近 47%（仅中国一国的投资额在总投资额中的占比就超过 1/4），而 2000 年，这一比例仅为 27%。发展中经济体的重要性也日益突出，但仔细研究后发现，如果排除印度和印度尼西亚，这一组别的投资就基本陷于停滞。2012 年，发达经济体的投资额在全球总投资额中的占比稍高于 1/3，而 2000 年，这一比例为 60% 以上。值得一提的是，投资模式恰好反映出了第一章中所提及的就业趋势。因此，发现促进投资停滞的发展中经济体加快投资以及促进投资下降的发达经济体进行再投资的因素至关重要。
- 然而，在多数情况下，企业的利润水平都接近正常水平，也有大型企业和全球股票市场的利润接近危机前水平，甚至创下历史新高。但是，提高的利润却转变为现金持有量的增加：公开上市公司的现金持有量从 2000 年的 2.3 万亿美元增至 2008 年的 5.2 万亿美元，并在危机期间进一步增加，于 2011 年达到 6.5 万亿美元（近期数据）。在这一点上，发达经济体和新兴及发展中经济体的趋势相似。
- 本章指出，首先，可从金融系统无法发挥在信贷分配方面的作用中发现抑制生产性投资的重要因素，对小企业而言，金融系统无法发挥在信贷分配方面的作用是一个重大问题。本章还着重指出了一系列可提高金融职能——特别是小企业金融职能——的政策和监管措施，这些措施采用了更能刺激就业的方式来改善金融职能，其中包括信贷担保、指定融资和信贷中介。
- 其次，面向特定行业的公共投资计划能够帮助规模不同的企业利用新技术并抓住新出现的机会实现增长。这可以通过一系列财政政策，例如免税或加速折旧，或通过面向就业密集型的资本资产进行直接投资，或通过满足其他目标（比如对节能事业进行投资）来实现。

- 再次，为改善某些企业的管理实践而进行的各项工作，尤其是高管薪酬设计，有助于改善企业的可持续绩效。在某些企业，薪酬组合并未与企业绩效完全挂钩，或与整体经济的平均薪酬不一致。比如，2011 年美国最大的几家企业的首席执行官的薪酬平均是一般美国工作者薪酬的 508 倍。要实现改善可持续绩效这个目标有几种可能的选择，其中包括增加长期激励，推出股东价值之外的补充性绩效措施，让股东享有合法的“薪酬话语权”。此外，增强董事会的管理职能有助于增进包括高管工资等方面在内的企业政策与股东利益之间的协调统一。
- 最后，本章指出了利用能够刺激总需求的宏观经济策略降低经济不确定性、鼓励投资的重要性，因为目前需求及预计的未来需求是是否投资产能以创造更多就业机会的重要决定因素。刺激就业的宏观经济策略将在第五章详细探讨。

引言

本章旨在评估抑制增加生产性投资的各种因素，及发掘可以克服这些障碍的政策杠杆，以便解决第一章和第二章指出的就业问题与社会差距问题。

本章第一节主要介绍当前的投资模式。为了更好地了解影响投资决策的各项因素，第二节探讨了盈利能力的各种趋势。该节应用了各种衡量工具：国民账户中的营业总盈余、公开上市公司（无论规模大小）的利润率、股票市场指标、公开上市公司的现金持有量以及高管工资。第三节主要对影响投资决策的各项因素进行定量评估，并介绍定量评估的主要研究成果，其中包括总需求模式，经济不确定性以及财务紧张。最后，第四节探讨研究成果对制定各项政策的意义。

第一节　全球投资模式与趋势

投资模式不均衡……

在危机爆发前，即在 2000—2007 年这一阶段，全球投资在 GDP 中的占比增长了 2.4 个百分点（图 4.1）。[1] 这一增长主要受新兴和发展中经济体的增长所推动，在这些经济体中，投资在 GDP 中的占比分别增长了 4.7 个和 6.7 个百分点。在发达经济体中，投资在 GDP 中的占比下降了 0.3 个

1　投资总额（公共部门和私人部门的投资）指的是固定资本形成总额以及一个业务单元或行业的存货变化及所购物品减去出售的贵重物品。可参见图 4.1 的注释。

图 4.1　投资在 GDP 中的占比变化（百分点）

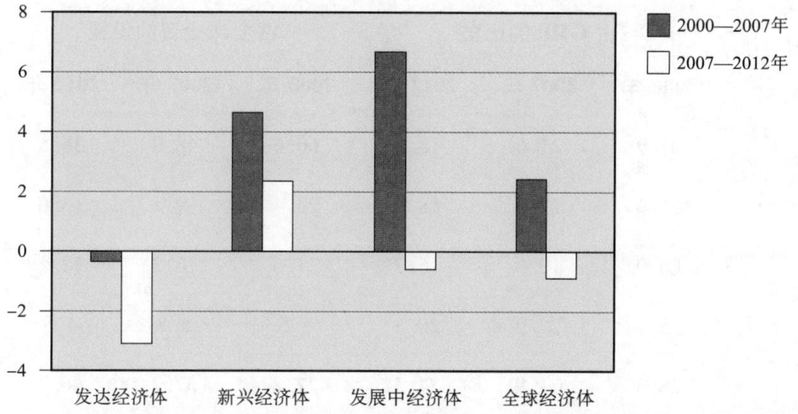

注：投资总额指公共部门和私人部门的固定资本形成总额（见脚注）。投资平均数是在 2011 年 GDP 的基础上根据购买力平价进行加权所得（见第一章附录 A 中详细的国别列表和收入分组）。

资料来源：国际劳工研究所基于国际货币基金组织《世界经济展望》的估算。

百分点。

全球金融危机对全球投资产生了重大的不利影响，各个地区的投资在 GDP 中的占比纷纷下降。尽管投资已走出低谷，开始复苏，但是 2012 年的全球投资额在 GDP 中的占比低于 2007 年的水平近 1 个百分点。只有新兴经济体的投资减少是短期的；2012 年，新兴经济体的投资在 GDP 中的占比（34.3%）比 2007 年高出 2.3 个百分点。在发展中经济体，投资依然疲软；尽管 2011 年曾出现适度反弹，但是仍比 2007 年的水平低 0.6 个百分点。在发达经济体，投资减速加快，其在 GDP 中的占比从 2007 年的 21.6% 降至 2012 年的 18.5%。

……2012 年，接近一半的投资都流向新兴经济体……

全球投资组成已经出现了大规模转移。2000 年，发达经济体的投资额在全球总投资额中的占比超过了 60%，其中美国和欧盟占据了全球投资额的近半数（表 4.1）。新兴经济体在总投资额中的占比低于 1/3，发展中经济体仅占据了 11%。然而，在经历了 12 年的高速增长之后，2012 年新兴经济体的投资额在全球投资额中的占比已接近一半，而仅中国一个国家的投资额就占据了投资总额的 28%（2011 年时为 11%），巴西、俄罗斯等其他新兴经济体则占据了其余的 5%。2000—2012 年间，发展中经济体在全球投资额中的占比也得到了增长，从 11.3% 增至 16.7%；然而，如果排除印度和印度尼西亚的大幅增长，那么发展中经济体在全球投资额中的占比实际上与 12 年前的水平持平。

……这说明了危机期间投资对就业的影响。

一般而言，投资是劳动力市场结果的一个主要决定因素，因为资本货物的生产与使用需要劳动力的参与并产生收入。投资增加一般会促进就业增长，即使投资滞后也是如此（图 4.2）。2007—2012 年间，新兴与发展中经济体的就业率平均上升了约 7 个百分点，而 2012 年的投资额在 GDP 中的占比较五年前的水平高出 1.5 个百分点。在发达经济体中，就业率仍比危机前水平低 1 个百分点，其投资额在 GDP 中的占比下降逾 3 个百分点。

表 4.1　2000 年、2007 年和 2012 年按国别和主要经济体划分的全球投资分布

	占 GDP 的比重			占全球投资的份额		
	2000 年	2007 年	2012 年	2000 年	2007 年	2012 年
发达经济体	**21.9**	**21.6**	**18.5**	**60.4**	**48.0**	**36.6**
欧盟	21.9	22.2	18.3	23.4	19.1	13.6
美国	20.9	19.6	16.2	21.6	16.3	12.1
日本	25.1	22.9	20.3	8.5	5.8	4.5
新兴经济体	**28.3**	**31.9**	**34.3**	**27.2**	**37.2**	**46.7**
中国	35.1	41.7	47.8	11.0	18.2	28.1
俄罗斯联邦	18.7	25.4	23.5	2.2	3.2	2.8
巴西	18.3	18.3	20.2	2.3	2.0	2.3
发展中经济体	**23.0**	**29.6**	**29.4**	**11.3**	**14.8**	**16.7**
印度	24.2	37.4	36.0	4.0	6.9	8.1
印度尼西亚	22.2	24.9	34.9	1.2	1.2	2.0
其他发展中经济体	22.2	24.6	23.2	6.2	6.7	6.6

资料来源：国际劳工研究所基于国际货币基金组织《世界经济展望》的估算。

图 4.2　投资与就业的关系，2007—2012 年

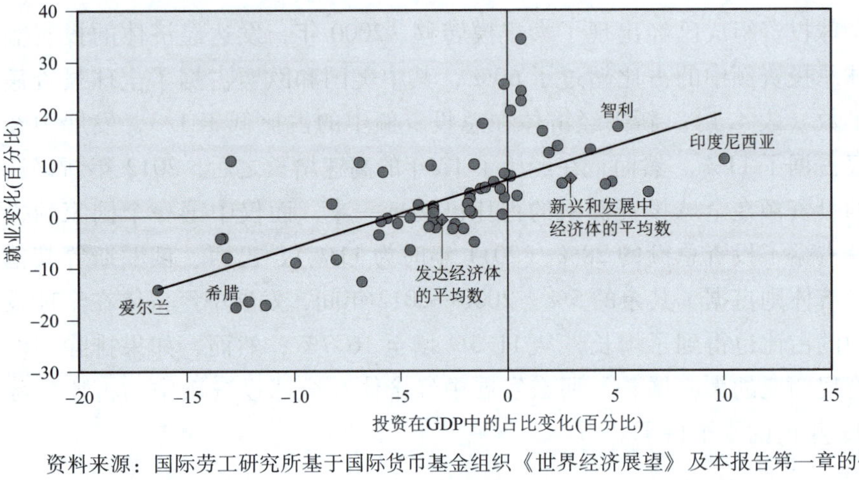

资料来源：国际劳工研究所基于国际货币基金组织《世界经济展望》及本报告第一章的估算。

然而，投资与就业的关系仍是高度动态的，因为其中的因果关系是双向的。比如，通过刺激就业，投资就能提升消费者收入，进而促进需求并刺激更多投资（见第三章和第五章）。增加投资活动与促进全部实际资本的更新与转型同等重要，从而让企业能够利用新的机会，增加并雇佣新员工。

第二节　经济体盈利能力与企业盈利能力概览

企业利润已普遍恢复或超过危机前水平……

过去十年间，在可获得近期数据的主要经济体中，营业盈余等常规的利润衡量工具都出现增加。事实上，自2000年以来，在20国集团的高收入和中等收入成员国中，利润占比几乎一直在增加。[1] 在20国集团的中等收入成员国中，利润在总体经济中的占比从2000年的约37.3%增至2010/2011年的40.7%，增幅达到3.4个百分点。在20国集团的高收入成员国中，情况也十分相似，利润在总体经济中的占比在11年间提高了2.2个百分点（图4.3）。但是，20国集团中高收入成员国与中等收入成员国的利润占比与就业关系的演变却截然不同：在高收入成员国中，投资实际下降了3.6个百分点，而在中等收入成员国中，投资增长超过7个百分点。

利润率的增加从全球股票指数中可见一斑，在一些案例中，全球股票指数已接近或超过历史高点。2009年年初探底之后，全球股票市场指数已经上升一倍。这一趋势在一些发达经济体中十分明显，尤其是在美国，（跟踪在美国股票市场进行公开交易的500家领军企业的）标准普尔500指数比历史高点高出4%。（根据DAX测量的）德国股票市场也同样创下新高。

图4.3　2000年至2010/2011年间利润占比与总投资的变化（百分点）

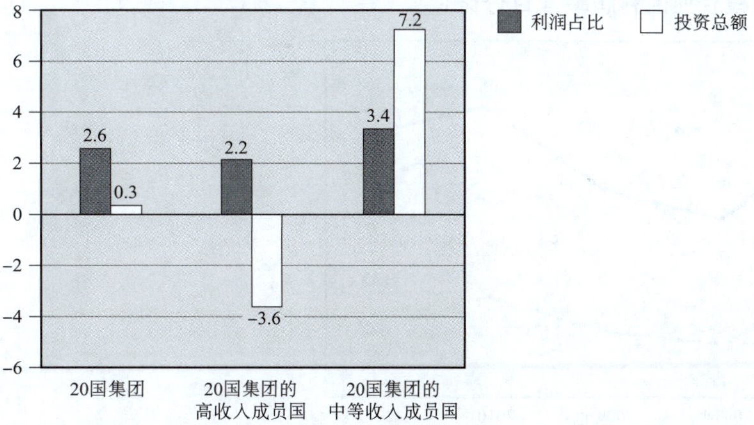

注：利润在总体经济及总投资中的份额都以其在GDP中的占比衡量。数据是指每个国家可获得的最新数据。澳大利亚、欧盟、法国、德国、意大利、日本、墨西哥、韩国、俄罗斯联邦、南非和英国对应的是2011年的数据，而加拿大对应的是2010年的数据。巴西和沙特阿拉伯对应的是2009年的数据，中国是2008年的数据。由于缺乏利润占比数据，印度尼西亚和土耳其并未包括在本次分析之列。法国、德国、意大利和英国未计入欧盟27国，以避免重复计算。收入群体按照世界银行国家分类中各国的人均国民收入计算。高收入国家是指人均国民收入达到或超过12476美元的国家。所有数据均经过GDP加权。

资料来源：国际劳工研究所基于国民账户的估算。

1　利润在总体经济中的占比指的是政府、金融和非金融机构、非盈利机构与家庭的营业总盈余。

……尽管大型企业与小型企业的盈利能力日益两极化，但对私营企业账户的分析却肯定了上述事实。

为更好地了解利润、投资和现金持有量之间的关系，我们审视了上市企业的企业级数据。[1] 尽管上市企业无法完全代表整个经济层面的进展，但探讨企业级数据有助于进一步深入地分析推动投资与现金的关系的各项因素，这可能会对探讨总模式有所启发。本章对2000—2011年间的数据进行了分析。分析结果显示，上市企业投资与经济总投资的相关系数是0.97。实际上，上市企业对发达经济体与新兴和发展中经济体中导致全球金融危机的企业所进行的投资在其总资产中的占比反映出前文所述的总投资趋势。[2] 危机爆发以来所呈现的趋势与前一节所述的总投资模式十分相似：自2009年以来，新兴和发展中经济体的企业投资已大幅上升，但在发达国家，企业复苏却陷入停滞。[3]

企业的盈利能力也与总投资情况密切相关。然而，小型企业与大型企业的盈利能力日趋两极化，其中小型企业持续面临重重挑战。事实上，尽管危机爆发时小型企业与大型企业的利润率均出现下降，但两者盈利能力的复苏却并不均衡。实际上，自2008年以来，大型企业的利润率一直在上升，除了2011年出现小幅下跌之外，这些企业的平均利润率与2004—2007年间的水平十分相似（图4.4）。而小型企业的复苏却更为缓慢，而且近期增速放缓之后，利润率又一次出现大幅下降。因此，2011年小型企业的利润率仅为1.3%，比2004—2007年的平均利润率下降了至少40个百分点。

图4.4　不同规模企业的利润率（百分比）

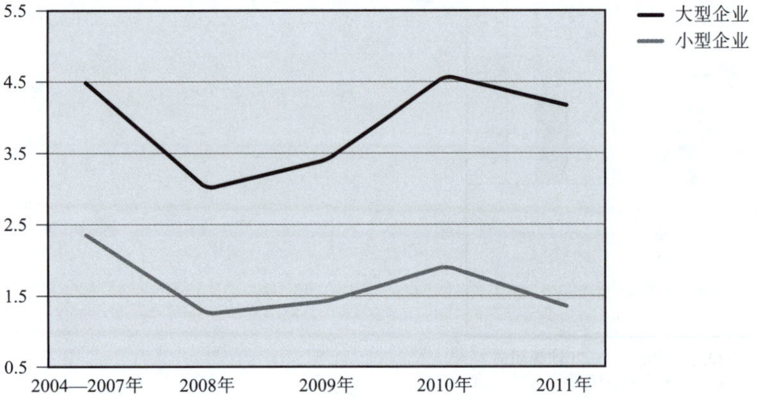

注：不包括金融企业。平均利润率是指营业利润率中位数，企业规模由总资产价值决定。

资料来源：国际劳工研究所基于FactSet Research System公司的估算。

1　该分析基于Fact Set Research Systems公司的数据，该公司致力于为企业提供详细的财务报表（包括资产负债表、损益报表、现金流量表和就业等补充信息）。该公司拥有金融市场上72000家上市公司和私营企业的历史数据。

2　2000—2008年间，上市企业对新兴和发展中经济体的公司的投资在其总资产中的占比从4%上升至6%，这已接近这些国家的总投资水平。发达经济体中，该比例却从4.2%降至3.7%，这与总投资趋势也非常接近。从企业层面的分析而言，将新兴和发展中经济体的企业归为一类，这主要是由于后者的企业数目十分有限所致。

3　2011年，发达国家企业的投资在总资产中的占比维持在3%左右，而在新兴和发展中经济体中，这一比例为4.5%。

越来越多的利润被当做现金持有，或用以支付股息和回购股份……

能够清晰衡量企业投资意愿的一个指标是现金在总资产中的占比。现金持有量的增加始于20世纪90年代末期，并在经济危机后进一步加速增长。[1] 2000—2008年，发达经济体的企业现金持有量在总资产中的占比从9.5%增至11.8%，而在新兴和发展中经济体中，这一比例则从7.9%增加到9.2%（图4.5）。尽管现金持有量在总资产中的占比在危机爆发初期出现短暂下降，企业很快就重新开始增加现金持有量：2011年，发达经济体中的企业现金持有量在总资产中的占比为12.4%，而在新兴和发展中经济体中，这个比例为10.8%。按绝对值计算，这两类经济体的企业现金持有量从2000年的2.3万亿美元增至2011年的6.5万亿美元。

自2003年以来，对发达经济体和新兴/发展中经济体的企业而言，股息和股份回购在总资产中的比例除了2009年出现短暂下降之外，一直在上升（图4.6）。自2009年短暂的大幅下降之后，2011年股息和股份回购在总资产中的占比达到1.6%（接近危机前1.8%的峰值），价值为1.6万亿美元（这是12年以来的最高水平）。

事实上，增加现金持有量的一个可能原因是支付股息等费用所需的现金支出预计会增加。[2] 此外，股息支付模式一旦确立，由于负面的信号效应，很难再还原到原来的模式。[3] 因此，预计未来的股息支出会限制今后的生产性投资前景。[4] 尽管投资是提高中期股权收益的一大重要方式，但是企业可能会利用现金和利润来支付股息，并减少因缺乏可行的投资机会而发行的流通股的数量，进而奖励股东。[5]

图4.5　上市企业的现金持有量（在总资产中的占比）

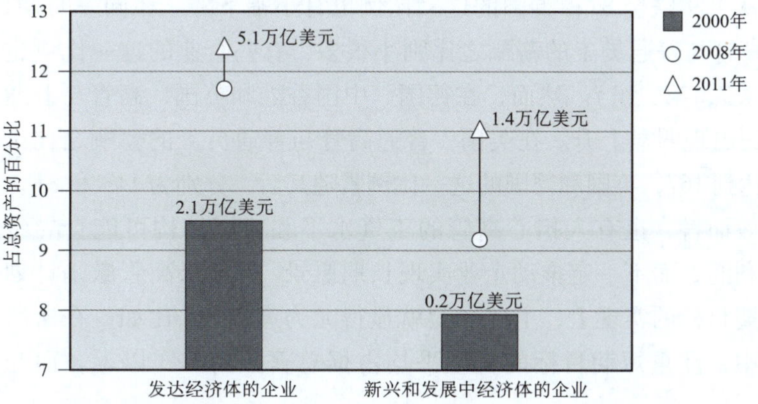

注：不包括金融公司。此处指的是根据总资产进行加权的现金持有量中位数在总资产中的比例，旨在估算国家群组数据。数据标签旁边的数字指的是现金持有量的金额。

资料来源：国际劳工研究所基于FactSet Research System的估算。

---

1 参见Sanchez和Yurdagul（2013年）、Ennis和Wolman（2012年）、Pinkowitz等人（2012年）以及Chang等人（2011年）。

2 在这一阶段，股息在运营总盈余中的占比确实有所增加（国际劳工组织，2011年）。

3 可参见，比如Miller和Rock（1985年）。

4 Servaes和Tufano（2006年）。

5 可参见，比如De Angelo等人（2006年）。

图 4.6　股息与股份回购（在总资产中的占比，万亿美元）

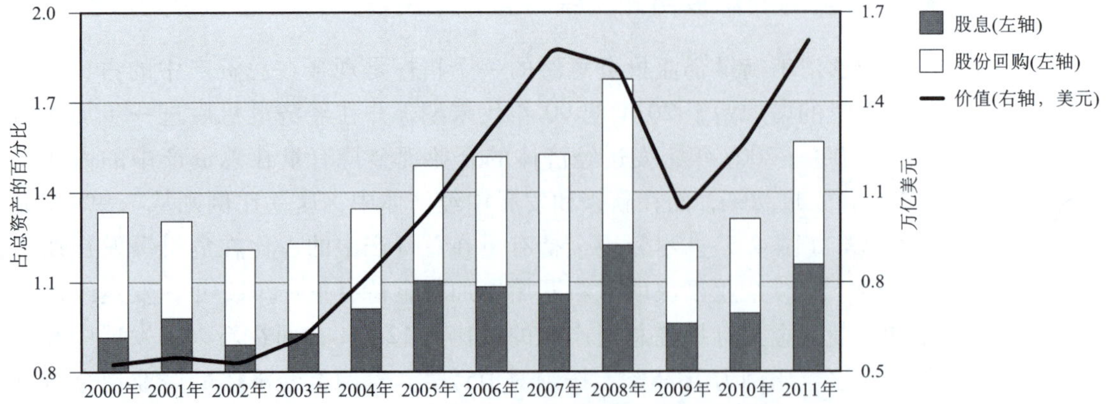

注：图中的柱体表示金额在总资产中的占比，线条采用万亿美元为单位。金融公司不包括在内。

资料来源：国际劳工研究所基于 FactSet Research System 的估算。

……增加高管收入。

同样，各国的高管薪酬已经恢复甚至超过衰退前的水平——至少在可获得本章所需数据的国家是如此（图 4.7，第一组）。[1]

德国和中国香港的高管薪酬增幅尤其明显。2007—2011 年，德国和中国香港的大型企业的首席执行官的平均工资增幅超过 25%。因此，德国的首席执行官薪酬与平均薪酬之比从 155 增至 190，而在中国香港，这一比例从 135 跃至近 150。在同一时期，美国的大型企业首席执行官的平均薪酬增加了 10%，其 2011 年的平均薪酬是普通员工薪酬的 508 倍。在荷兰和英国，这一数字分别为 69 和 228，2011 年首席执行官的平均收入已经恢复至 2007 年的水平。瑞士是唯一一个首席执行官薪酬与普通员工薪酬之比大幅下跌的国家，从 129 跌至 87；英国的这一比例也有小幅下降。在同一时期，同一企业其他高管与普通员工的薪酬之比则小很多，有些企业的这一比例也出现上升（图 4.7，第二组）。然而，在德国、中国香港和英国，高管与普通员工的薪酬之比出现明显上升。在美国，普通高管与普通员工的薪酬之比出现小幅下降，达到 167，英国和德国的这一比例紧随其后，分别为 113 和 81。

就企业绩效而言，也有人担心高管的工资水平和工资结构可能会导致企业追求短期利润，而不一定推动企业实现长期愿景。[2] 如果高管激励计划将重点放在短期目标的实现上，上述风险就显得尤为突出。[3] 比如，在所研究的大型企业中，注重短期目标的奖金平均占据总薪酬的 1/3 以上，而与

1　本节的数据指的是市值最大的企业的首席执行官以及高管的平均工资，这些企业来自德国、美国、英国以及中国香港、荷兰和瑞士的七家最大企业。阿根廷、巴西、墨西哥和土耳其等一些国家仅提供了高管总薪酬的一般信息，因此无法分析首席执行官的工资。而在南非等其他国家，企业并没有提供组成股票薪酬的股票数额，也没有采用发散的方法来计算这一数额，因此企业间比较就变得十分困难。有鉴于此，有必要确保统一各国报告标准，以保证透明度。

2　可参见，比如 Eccles 等人（2011 年）。

3　可参见，比如 Frydman 和 Jenter（2010 年）、ERC（2010 年）以及国际劳工组织（2008 年）。

图 4.7　2007—2011 年间首席执行官和高管薪酬与整个经济体的平均薪酬之比

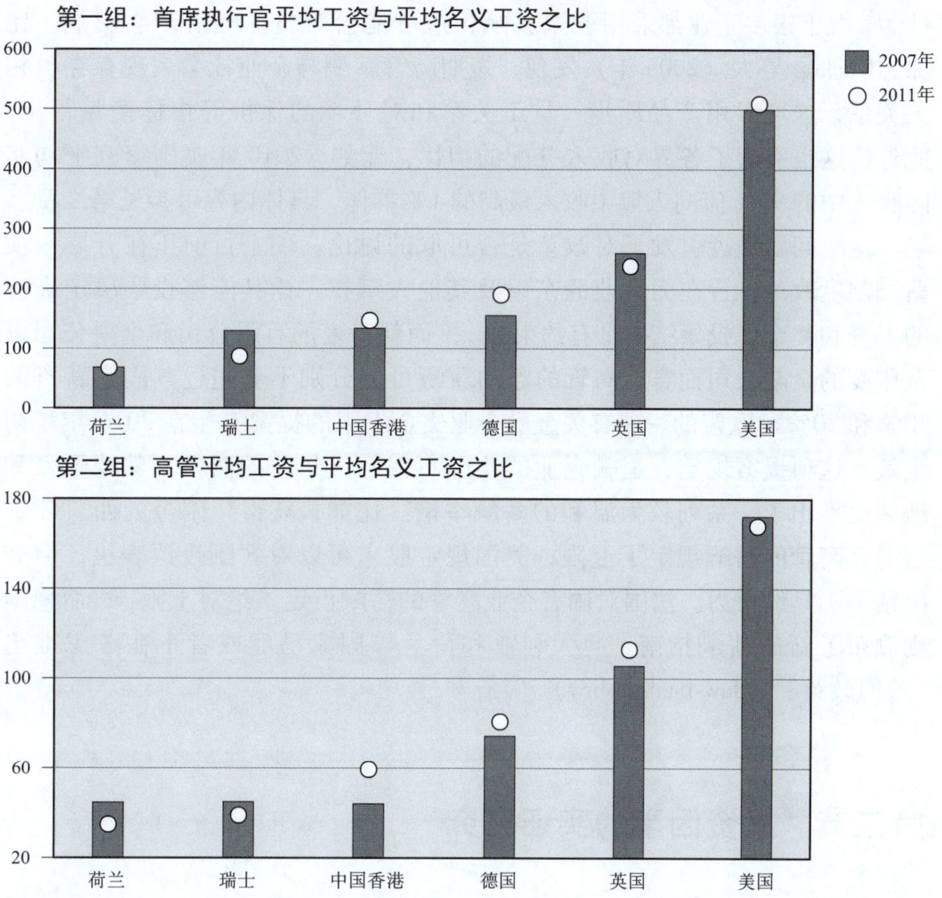

资料来源：国际劳工研究所基于企业年报的估算。

表 4.2　2011 年首席执行官与高管的平均薪酬（按类型划分，百分比）

	基本工资		奖金		基于股票的		其他	
	首席执行官	其他高管	首席执行官	其他高管	首席执行官	其他高管	首席执行官	其他高管
德国	22.7	23.7	54.8	53.5	16.0	15.9	6.5	6.8
中国香港	23.4	34.9	59.2	44.0	16.5	20.0	0.9	1.2
荷兰	32.6	34.9	28.3	44.0	37.9	20.0	1.3	1.2
瑞士	22.8	34.9	36.4	44.0	38.6	20.0	2.2	1.2
英国	14.0	17.6	19.8	22.8	63.8	53.5	2.3	6.1
美国	5.7	9.3	18.5	21.8	74.0	65.1	1.8	3.8
平均	**20.2**	**25.9**	**36.2**	**38.4**	**41.1**	**32.4**	**2.5**	**3.4**

资料来源：国际劳工研究所基于企业年报的估算。

股票薪酬结合起来时，奖金就会占据总薪酬的 2/3 以上（表 4.2）。

当然，股票薪酬是反映企业绩效的一个重要指标，因为股价的上涨可能预示着股东价值的增加。然而，除非设计完善，否则这可能会鼓励高管将重点放在提高短期内的股票价值上，从而遏制他们对长期投资的积极性。[1] 由于很多企业都采用股票薪酬，这可能会对整体经济产生影响。比如，Deckop 等人（2006 年）发现，短期高管薪酬与企业社会表现存在负相关关系，这可以用产品质量、员工关系和对环境的保护等指标衡量得出。此外，这也引起了各界对收入分配的担忧，比如，2010 年美国家庭平均实际收入中的 93% 流向人口中收入最高的 1% 群体，具体内容可参见第二章。

这一问题最近引发了对改革是否可取的讨论。瑞士目前正在开展一项薪酬制度改革，旨在为企业股东以及其他人赋权，让其能够投票决定高管的工资和奖金，投票结果具有约束力。[2] 而就丹麦的有限公司和金融公司以及印度的金融公司而言，高管的浮动薪酬可能分别不会超过其固定薪资的 50% 和 70%。欧盟的一项有关金融企业奖金上限的提案有望在 2014 年年初生效。这项提案规定，金融企业的奖金不得超过年薪的两倍。其他国家和地区也推出了一系列较为温和的薪酬举措。比如，获得纾困金的西班牙银行对其高管的薪酬规定了上限；美国规定股东可以对薪酬投票表决，但表决结果不具约束力。法国对国有企业高管的薪酬设定了绝对上限，[3] 而德国则颁布了新的薪酬指南。澳大利亚和荷兰等国家已经或者正在考虑推出“追回政策”（claw-back policy）。[4]

第三节　投资因素的实证研究[5]

高收入国家的高利润和低投资之间的脱钩现象已经引起广泛关注。总需求不足可能是导致这一现象的一个主要因素，此外，销售前景的不确定让企业纷纷延迟新的投资。[6] 一些分析师认为，金融市场也在直接（筹资）或间接（施压迫使企业通过采取股息等各种方式分配利润，而不是如上文所述的对企业进行再投资）地影响企业的流动性投资关系。[7] 本节旨在指出影响投资的各因素的权重。

经济不确定性和总需求是导致投资延迟的主要因素……

企业对未来以及总需求不确定性的预期是推动其做出投资决策的关键

1　Sappideen（2011 年）。

2　关于瑞士法律的具体变更，参见专栏 4.2，若简要回顾各国金融业改革的变化，参见附录 B。

3　法国颁布了一项具有约束力的法案，该法案规定国有企业高管的最高年薪不得超过 45 万欧元。

4　也可参见 Prosser（2009 年）和经济合作与发展组织（2011 年）。如果薪酬发错，或者因某位高管的责任导致银行倒闭，这些追回政策能让企业收回已发放给高管的薪酬。

5　本节总结了附录 A 实证研究的主要研究成果。

6　参见国际劳工组织《2012 年世界劳工报告》的第四章，以了解有关不确定性和投资等问题的详细探讨。

7　美国圣路易斯联邦储备银行（2013 年）发现，股息（以及收入税）是美国现金持有量一个重要的决定因素。

因素。经济与政治不确定性会抑制企业进行新的投资，从而延迟就业岗位的创造。[1] 就目前的经济形势而言，私人投资更易受改善企业和家庭前景（经济、政治、社会）的政策所影响，而不是更具适应性的、影响本就处于低水平的资本成本的政策。

影响总需求的因素包括日益严重的不平等情况以及惨淡的就业前景（参考第一、二章的讨论）。这些因素会造成恶性循环，使总需求降低，抑制投资，进而导致就业岗位减少，甚至削弱需求。企业持有大量现金可能也会是这个恶性循环的一个结果。

……金融行业与实体经济脱钩，使情况进一步恶化。

在发达经济体，金融系统一直深陷泥潭也是抑制投资的一大因素。众多企业，尤其是规模较小的企业，依然面临信贷约束的问题。比如，在2012 年 9 月递交给美国国会的一份报告着重指出，金融危机期间，中小企业的信贷条件发生了巨大变化，其 2012 年的信贷流远远低于危机前水平（而大型企业的信贷流则与危机前水平持平）。[2] 同样，据报道，欧元区14% 的中小企业纷纷指出银行在 2013 年 1 月收紧了针对中小企业的信贷标准（从 2012 年 10 月的 11% 基础上开始紧缩）。

重要的是，与财务状况良好的企业相比，财务紧张的企业的投资仅为资产的一半，从而对就业岗位的创造产生不利影响。在危机爆发前两年，财务状况良好的企业的就业平均增长 4.4%，而财务紧张的企业则仅为 1%（图 4.8）。尽管在 2008 年和 2009 年这两类企业的就业增长均放缓，但在2010 年和 2011 年，财务状况良好的企业已出现一定程度的复苏，而平均而言，财务紧张的企业依然面临着就业增长减缓的问题。

导致这一问题的原因是金融系统依然脆弱，而金融系统在促进可提高生产力的私人和公共投资方面发挥着关键作用。这在一定程度上是因为金融业的改革流程整体慢于所计划的速度（见附录 B）。[3] 除此之外，我们还能发现下述趋势：

- *资本充足率变化*：根据从金融稳定理事会获得的信息，在 30 个可获得数据的国家中，有 19 个国家没有按照预期实施改革。巴塞尔协议Ⅲ中对流动资金的要求将于 2019 年生效，比原计划晚四年。

- *系统性风险监管机构*：一些国家已经设置了系统性风险监管机构，或增强了现有机构。比如，阿根廷、巴西、印度尼西亚和墨西哥赋予中央银行更多的权利，让其处理系统性风险。澳大利亚、法国、瑞士和土耳其设立了独立委员会来处理系统性风险。[4] 欧盟正在考虑设立“单一监管机制”，这一机制的设立能让欧洲央行直接监管欧元区国家的与系统性相关的银行。然而，在所有被评估的国家中，有 2/3 的国家还没有对该

1　国际劳工组织（2012 年）。

2　联邦储备委员会（2012 年）。

3　关于金融业改革的一个小节以及附录 B 由 Kristina Deighan 编写，由 Sameer Khatiwada 提供指导。

4　澳大利亚设立了澳大利亚审慎风险署；法国设立了金融业监管与系统性风险监督理事会；瑞士成立了系统性风险监督委员会；土耳其设立了系统性风险协调委员会。

图 4.8　财务紧张企业与财务状况良好的企业的就业增长（百分比）

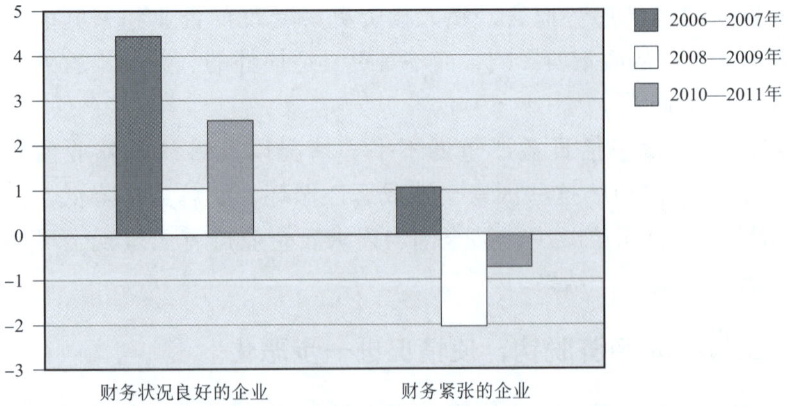

资料来源：国际劳工研究所基于 FactSet Research System 的估算（参见附录 A）。

问题采取任何措施（见附录 B）。新设立的机构有时没有权利来实施实质性的变化。比如，欧盟设立了欧洲系统性风险委员会，但是该委员会所采取的行动或提出的建议在法律上不具约束力。

- 分离零售与其他金融业务：在发达经济体中，只有英国设立了“绝缘防范”（“ring-fencing”）法律，根据这一法律，未将核心零售业务与其他银行业务分离的机构将受到严惩。美国设定的沃尔克原则（Volcker Rule）旨在分离商业银行业务与投资银行业务，以便保护消费者，然而这一规则并未全面实施。[1]

第四节　政策考量

采取直接举措刺激企业（尤其是中小企业）投资的案例……

为了让企业能够利用正在改善的或新的市场创造就业机会，很多国家都必须放开信贷流。从短期来看，可通过政策措施重建针对中小企业的信贷流，这些政策措施可以快速实施，并且产生很少或不产生金融成本（专栏 4.1）。中小企业是创造就业机会的中坚力量。尤其值得一提的是，信贷担保、加强信贷调节、指定流动资产用途都能恢复对中小企业的信贷。

尽管必须采取措施恢复授信额度，但这还不足以促使投资恢复增长。中小企业，特别是微型企业，常常缺乏商业技能，因而无法应对能够促成企业发展和增长的大规模投资。研究表明，在这些情况下，应该在信贷支持的基础上辅以培训和咨询服务。在发展中经济体，绝大多数微型企业都从事非正规部门活动。而在非正规部门，如果将管理培训和宽松的信贷条件结合在一起，向企业提供支持，就有助于加速投资和可持续增长。

1　沃尔克原则禁止银行出于私利进行投资、赞助或持有对冲基金，以确保银行不拿储户的资金进行赌博。

专栏 4.1 恢复中小企业信贷流的措施

信贷担保。目前有三种信贷担保方案——公共担保、企业担保和互助担保（最为普遍）。互助担保方案利用公共资源为有实力的中小企业申请金融机构贷款提供支持或担保。该方案可为所有或部分贷款提供担保，因而可提振借方的信心。研究表明，这类方案可取得成功的原因是其将政府出资与管理能力和银行的信贷风险评估以及金融专业知识结合在一起（Beck 等人，2010 年），比如：

- “加拿大小型企业融资计划”是政府和借方联合发起的一项计划。根据这项计划，银行有权做出信贷决策；如果借款方违约，加拿大工业部会向借方赔偿其净损失的 85%。研究表明，2010—2011 年间，计划通过提供 7000 项贷款，创造逾 1.8 万个工作岗位，即平均每笔贷款创造 2.5 个工作岗位。
- 丹麦提供“初创”贷款，其中包括向初创企业提供贷款担保和咨询服务。

信贷调节。信贷调节计划旨在为中小企业提供帮助，这些中小企业的信贷需求因与企业实力无关的原因被金融机构完全拒绝或部分拒绝。为应对金融危机，一些国家推出了这类方案。比如：

- 法国将临时举措改为长期举措，以为在信贷市场和保险市场上受挫的中小企业提供支持。2011 年的数据显示，法国信贷调节方案（Médiateur de Crédit）释放了 35 亿欧元的信贷，增强了 14290 家企业的实力，并留住了 247139 个工作岗位。
- 2010 年，爱尔兰设立了信贷评审办公室，以为中小企业提供独立的风险评估并为申请公共资助的企业提供支持。早期证据表明，信贷调节机制在满足中小企业信贷需求方面十分有效。

直接财务支持。可通过贷款和部分权益头寸等形式直接资助小型企业，比如：

- 为支持就业行动计划，爱尔兰政府于 2012 年第一季度设立了微型金融贷款基金。该基金已经募集了 9000 万欧元的微型企业额外贷款，并有望在十年内帮助 5000 家企业，创造 7700 个工作岗位。
- 直接资助可通过联合投资或财政激励等方式提供。比如，荷兰面向私人投资者推出的税收抵消计划可让这些投资者对中小型研发企业进行投资。

指定流动资产用途。2009—2010 年间，美国最大的 22 家获得政府纾困金的企业对小型企业的贷款减少 4.3 亿美元，或者说 6.2%。未来的银行纾困将包括下述条件，比如公布提供给中小企业的贷款（以及被拒绝的贷款申请所涉及的数值）数额持平，指定一部分纾困金专门用于向中小企业（尤其是创新型企业）提供贷款。

一些国家还采用了其他可刺激和鼓励投资的政策工具。具体而言，可为投资实体经济的企业提供税收优惠，这不失为一个有效的激励举措。这些税收优惠政策包括加速折旧计划，从而令企业更快速、更高效地注销应税收入中的资产成本——这可降低新设备的采购成本。另一个可行的措施是在初期免去向某些投资征税，再随着时间的推移逐步取消免税优惠。免税优惠可能适用于经济欠发达、失业率高的地区。更普遍、更公平、更简单和更高效的整体税收结构也能为小型企业消除不利因素。

各国政府也可以针对某些行业推出相应的措施，比如提供联合融资等直接支持，来帮助大小企业利用新技术和新兴增长行业的各项优势。为最大限度地促进就业，这些措施可以专门针对就业密集行业或可满足节能性投资等其他目标的行业。

……需采取更多措施，以进一步协调金融行业与实体经济，使之达到平衡……

金融系统对实现经济健康可持续增长至关重要。尽管稳健的金融行业必然会带来创新，但是最新的证据表明，如果缺乏完善的设计，再加上某种程度的疏忽，这可能会带来负面的社会收益。[1] 正因如此，应花更大力气协调金融业的活动，使之与实体经济的需求达成平衡。有鉴于此，可考虑在下述方面进行改进：

- *提高金融中介的社会收益*：为使金融业活动与社会收益达成平衡而采取的措施包括与客户共担风险，提高内外部的透明度（比如，减少洗钱和金融欺诈的可能性），提高高层对风险所负的责任（如下所述）。
- *协调金融监管*：自金融危机爆发以来，避免监管套利已获得越来越多的关注。虽然国际协调一向难以实现，但是各国政府可加大力度，加速推出各种审慎监管措施，比如通过制定制度来协调银行业监管（如巴塞尔协议）与20国集团之间的平衡。
- *针对金融创新推出更完善的治理框架*：加强针对金融创新的治理框架，以便最大限度地减少因金融产品或服务而导致的负面结果的可能性。可考虑的机制包括，允许机构和监管人员检测金融产品，以便在部署这些产品之前防止潜在的负面效应和外部效应（与住房抵押贷款证券如出一辙）。改善现有产品与服务的总体风险管理将会对未来金融产品的性质产生溢出效应。

……并改善公司治理，其中包括协调高管薪酬，使之符合公平和效率。

由于高管的薪酬计划主要用以表彰其短期绩效，这可能会令管理层在中期内采取有损企业和股东的行为，并造成严重的负外部效应。现在的问题是确保薪酬合理（以缓解社会对公平性的担忧），并与企业的绩效挂钩（以缓解各界对效率的担忧）。为了达成这些目标，可考虑在高管薪酬设计和决定薪酬的流程方面采取相应措施。

- *用长期激励替代短期激励*：应将重点更多地放在制定3—5年的激励计划上。支付短期奖金之后，可考虑加大对股票的利用，并在高管工作一定年限之后才发放股票（“递延奖金”）（2009年20国集团峰会上提出），以遏制短期主义。还可考虑“追溯”机制。[2] 根据该机制，如果之后发现决策不当，或者因数据错报而做出不当决策，可向高管收回已

---

1 参见Arcand等人（2011年）以及Beck等人（2012年）。

2 在比利时，除了例外情况，最少有25%的奖金必须建立在两年的绩效标准上，而其余的25%则建立在三年的绩效标准上。如果奖金数目并未超过整体薪酬的25%，此条规定无效。

发放的奖金。同样，可通过允许高管在很长一段时间后，[1] 比如高管退休后，出售或行使股票奖励或期权来改善股票薪酬的长期效应。[2]

- 引入补充性绩效措施：尽管股东价值至关重要，但是替代性或补充性绩效措施也可作为衡量浮动薪酬的标准。比如，一些企业已开始将高管的部分绩效薪酬与社会和环境目标相挂钩。比如，法国达能公司将 1/3 的高管奖金与提高工作场所的安全性、减少二氧化碳排放等目标的实现相挂钩。[3] 英国石油公司也将与安全和运营风险管理相关的各项标准同高管 1/3 的奖金相挂钩。[4] 2009 年，荷兰阿克苏·诺贝尔公司把激励计划所规定的股票奖励的一半与公司在道琼斯可持续发展指数中的排名挂钩——该指数根据经济、社会和环境指标来评估企业绩效。[5] 大众等公司则利用与其战略文件所设定的与客户满意度相关的各项目标作为决定发放长期浮动薪酬的一大标准。[6]

- 设定高管薪酬上限：还可考虑对薪酬总额或薪酬计划中的单一组成设定上限，以缓解外界对公平性的担忧。还有一个好方法就是根据企业中其他人的工资对高管的薪酬总额设定上限。这会激励高管努力提高其员工的薪酬。比如，Solar World 公司根据股东决议规定，高管薪酬最高不得超过普通员工的 20 倍。[7] 同样，美国 Whole Foods Market 也规定，高管的现金薪酬不得超过普通员工工资的 19 倍。[8] 这类政策可由股东指定，也可被视为政府制定的更广范围的指导方针。

- 引入“薪酬话语权”：公司股东可利用机会决定高管薪酬的组成。可考虑采用有约束力的投票的方式做出决定，特别是针对股票激励的决定。挪威和丹麦早已采用有约束力的股东投票的方法来确定股票薪酬和浮动薪酬，而在日本、瑞典和荷兰，整个薪酬计划都由股东通过有约束力的投票表决出来。[9,10] 有约束力的股东表决也被收录在了瑞士最新推出的“公民计划”之中，该计划于 2013 年年初获得批准（专栏 4.2）。仅要求合格的少数而非多数投票就可决定是否阻止所提议的薪酬计划——例如澳大利亚[11]——的做法也可以确保小股东的担忧不会亚于对大型机构投资者的担忧，而大型机构投资者或与行政管理层有着其他业务关系。

---

1 Posner（2009 年）；Bebchuk 和 Fried（2010 年）。

2 Bhagat 和 Romano（2009 年）。

3 参见达能（2011 年）。

4 参见英国石油公司（2013 年）。

5 参见 Eurosif（2010 年）。

6 参见大众公司（2011 年）。

7 参见 SolarWorld（2011）。

8 参见 Whole Foods Market（2011）。

9 参见经合组织（2011）。

10 在比利时，高于一定限度的遣散费必须得到股东大会的批准。

11 在澳大利亚，只要有 25% 的股东投票反对，即可构成反对。尽管投票只有参考意义，但是第二张反对票导致重新选举负责薪酬计划的董事会成员（下议院，2011 年）。

专栏 4.2　梳理高管薪酬：最新改革措施的例子

一些国家已经采纳或启动改革，以改善高管薪酬的匹配度。这些措施的内容和方法各不相同，从限制薪酬金额到加强股东对薪酬的决定作用。

瑞士于今年 3 月针对高管薪酬批准了一项广受瞩目的综合性公民措施。该措施的对象是在瑞士或海外证交所公开上市的瑞士公司。随着这项措施的启动，高管薪酬监管将发生巨大变化，全球最先进的框架也会随之诞生（Bryois 等人，2013 年）。这项举措的要求如下所述：

- 将强制规定股东对董事和高级经理的薪酬总额进行投票表决。
- 禁止向企业管理层成员支付“金色降落伞”（指按照聘用合同中公司控制权变动条款对高层管理人员进行补偿的规定）和入职奖金。
- 强制规定股东每年必须通过投票表决选出董事会主席和成员。
- 若违反上述要求，则可能会面临刑法制裁，其中包括牢狱之灾。[a]

今年 2 月，即在欧洲议会和部长理事会召开期间，欧盟就金融业高管薪酬新规达成共识，以免执行董事冒过高的风险。根据该项提案，高管最高奖金将不超过其固定工资。只有获得股东的多数合格投票，奖金才能上涨，上限为工资的两倍。[b] 一经采用，这些规定就会通过国家立法，对在欧盟成员国中拥有席位的公司产生约束力。

[a] 如欲了解有关该措施的全文，请访问网站：http：//www. remunerationsabusives. ch/initiative－populaire－remunerations－abusives/。

[b] 参见 2013 年 2 月 28 日欧洲议会经济与货币事务委员会的新闻稿，“MEPs cap bankers’ bonuses and set up bank capital requirements”，http：//www. europarl. europa. eu/news/de/pressroom/content/20130225IPR06048/html/MEPs-cap-bankers’-bonuses-and-step-up-bank-capital-requirements。

改善企业董事会的管理职能也能让企业政策（包括与高管工资相关的政策）与股东利益保持一致。在经济危机期间，一些股东（比如员工和政府）不得不承担调整成本。这一经历表明，现在有必要推出以股东为导向的企业治理框架——该框架将继续保护股东利益，但会限制不当的管理政策，也会照顾其他股东，尤其是负担外部成本的股东的有效利益。为此，应该考虑：（1）将首席执行官与董事会主席分离；（2）确保独立董事和专家成为董事会的重要成员；（3）鼓励企业将社会合作伙伴和员工代表吸收进董事会，一些国家已经这么做了。[1]

1　比如，最新研究表明，董事会吸纳的员工代表人数与高管薪酬及股票薪酬呈负相关（参见 Vitols，2010 年）。

附录 A

对企业流动性和投资的实证分析

为了确定流动性（现金持有量）增强和实际投资放缓之间的关系，将其他因素纳入考量至关重要。有鉴于此，我们在企业数据的基础上开发了微观计量经济学模型，该模型可通过一系列解释变量来诠释企业的现金持有量。这些变量可分为以下几类：（1）财务紧张；（2）经济不确定性；（3）投资延迟；（4）未来增长机会；（5）制度因素。

数据

企业数据样本是根据 Fact Set 公司 2000—2011 年的数据库构建的。该数据库包括财务会计和有关 122 个国家上市企业的补充性数据。初始数据提供了 763529 个观察值。由于持有现金的原因与非金融公司不同（比如准备金要求不同），金融公司的数据未包括在内。此外，根据 Baum 等人（2006 年）的研究，资产负债表中一些极端异常的数据也被清除出数据库。通常情况下，只有在发生并购或原企业为了法定或税收的目的成立其他公司时，才会导致这些异常数据的出现。

资产负债表在采样阶段发生重大变化的企业也未包括在样本内，而每个国家总资产同比增长率的分布则被包括在内，但低于 1% 和高于 99% 的企业也未包括在内。此外，现金比（现金占总资产的比重）观察值高于 1 的也未包括在内，原因是这些观察值不太可信。只有在采样阶段最少拥有时间上连续的 4 个观察值的企业才被计算在内。最后，如果一个企业的现金持有量高于或低于其所在国的现金持有量中位数 3 个标准差以上，该企业也未包括在样本之内。根据这一程序，样本中保留了 535176 个观察值。表 4A. 1 简要载列了所使用的主要变量，表 4A. 2 总结了在整个时间段内几个参数的分布情况。

参数构建

针对不同的公司，我们构建了一些企业变量来代表公司治理行为、投资决策、增长潜力、财务紧张、商业风险敞口以及宏观经济稳定性的不同方面。为了明确影响企业流动资金持有量的因素，我们运用了普通最小二乘法（OLS）回归模型的不同版本。在所有情况下，业内多数企业的因变量是企业流动资金，通过“现金与现金等价物”（CASHEQ）这个变量来衡量。这个变量和其他所有变量都用来表示其在总资产中所占的比例。以下为解释变量：资本支出（CAPEX）指的是资本投资的比例；INV 代表库存；DIV 代表股息支付；ROA 代表利润；LEV 代表总负债；CF 代表现金流；RD 代表研发支出。以下变量不代表总资产的一部分：EMP 代表员工数量（单位：千）；IPOd 是一个虚拟变量，如果 IPOd 等于 1，代表企业最早在五年前发行 IPO；MTB 代表市值账面比；risk_idio 代表企业聚集效应的索洛余量净值的标准差——索洛余量通过估算生产函数得出，而总劳动人口与总资产则被作为输入量；risk-industry 代表两位数增长行业非系统风险的年度

表 4A. 1　变量的定义与缩写

变量	定义	缩写
资本支出*	投资	CAPEX
现金与现金等价物*	流动性	CASHEQ
现金流*	总收入+折旧	CF
债务股本比	负债	DER
股息*	股息	DIV
股息支付率	股息占净收入的比重	DPR
股息率	股息支付与总市值之比	DY
有效利率	利息支出与负债之比	EIR
总就业人口（千）	每年平均雇员人数	EMP
自首次公开募股以来的年份	公司年龄代理	IPO
杠杆率	负债占总资产的比重	LEV
总资产日志	公司规模代理	LTA
市值账面比	公司市值与账面价值之比	MTB
利润率	净收入占总收入的比重	OPM
利润	净收入与股权之比	PR
研发支出*	研究与开发支出	RD
资产收益率*	净收入占总资产的比重	ROA
股份回购*	公司减少流通股数量	SBB

*变量代表总资产的一部分。

表 4A. 2　各地数据总结，2001—2011 年

变量	观察值	平均值	最小值	25%	50%	75%	最大值
CAPEX	368 420	0. 06	0	0. 01	0. 03	0. 07	0. 49
CASHEQ	380 119	0. 19	0	0. 03	0. 10	0. 25	1. 00
CF	330 000	0. 25	-0. 49	0. 10	0. 20	0. 34	1. 48
DER	346 984	0. 70	0	0. 02	0. 30	0. 85	11. 40
DIV	353 771	0. 01	0	0	0	0. 01	0. 17
DPR	351762	0. 18	-1. 16	0	0	0. 25	3. 58
DY	302 097	1. 60	0	0	0	2. 47	15. 93
EIR	297 196	10. 2	0	3. 05	5. 77	9. 23	300. 00
EMP	269 762	4. 93	0	0. 13	0. 58	2. 33	2 200. 00
IPO	81 867	3. 50	0	1. 00	3. 00	5. 00	11. 00
LEV	372 488	0. 22	0	0. 01	0. 17	0. 34	1. 59
LTA	377 758	4. 33	-4. 79	2. 95	4. 41	5. 84	13. 46
MTB	299 705	2. 60	0. 15	0. 80	1. 43	2. 72	50. 44
OPM	340 553	-0. 23	-15. 49	-0. 02	0. 03	0. 09	1. 00
PR	373 217	0. 01	-6. 04	-0. 03	0. 06	0. 16	5. 05
RD	200 415	0. 04	0	0	0	0. 03	0. 96
ROA	373 217	-0. 16	-12. 7	-0. 05	0. 02	0. 06	0. 34
SBB	294 226	0	0	0	0	0	0. 15

资料来源：国际劳工研究所基于 FactSet Research System 的估算。

平均值；risk_ agg 代表各国 GDP 增长率的标准差；std-CF 代表企业现金流的标准差；fin_ cstr 是一个虚拟变量，如果该变量等于 1，则代表企业财务紧张。

财务紧张

目前，有关公司流动性的多数研究都将未支付股息的企业视为财务紧张的企业。[1] 这是因为，由于向外部融资受到局限，企业会从内部留存资金中受益。因此，企业不支付股息。然而，未支付股息的企业并不一定都出现财务紧张，因为高增长企业也往往会在有大量投资机会的时候不支付或支付少量股息。因此，在本次分析中，如果股息（DIV）和资产收益率（ROA）是负数，企业就被视为财务紧张。

这种定量衡量财务紧张的方法可以很好地区分财务紧张和财务状况良好的企业：变量 fin_ cstr 与企业杠杆（LEV）和有效利率（EIR）之间存在十分密切的关系。此外，普通最小二乘法的结果突出了财务状况良好与财务紧张的企业之间的差别。财务紧张的企业在面对商业风险、现金流以及库存变化时，会表现出更高的现金敏感度。这表明，这些因素可被视为现金替代物。这可以作为对稳健性的重要检验，并增强对该指标能够体现财务困境的信心。此外，杠杆率和有效利率之间存在非线性关系。数据显示，高杠杆率一般会造成利息支出减少。只有杠杆率达到总资产 95% 的时候，利息率才会重新开始增长，这样银行就会认为高资产负债比会产生问题，并因此认为违约可能性增加，从而要求支付更高的溢价。

经济风险

风险严重程度会影响企业对流动资产持有量的决策。具体而言，风险越高，对未来经济环境的预测就越不精确，从而刺激企业提高预警流动性水平。[2] 企业也会面临企业、行业和宏观经济方面的危险环境。企业方面的风险可能包括无法预测的现金流和生产率水平的变化。在行业方面，企业所处的行业可能正经历一次转型或重大变革，致使盈利能力的衡量指标出现较大波动。最后，在宏观经济方面，消费者需求、GDP 增长和政治环境可能会面临不确定性。

其他因素

除了经济不确定性和财务紧张之外，还发现其他三个主要因素，即（1）未来的增长机会；（2）延迟投资；（3）制度因素。通过企业的市值账面比和研发支出来衡量未来的增长机会。如果企业的市值账面比和研发支出的数值都升高，这表明未来增长机会增多。延迟投资以资本支出的普通最小二乘法系数来衡量（因为资本支出越高，现金持有量就越低）。通过股息对现金持有量的影响来衡量制度因素。

1　参见，比如 Baum 等人（2006 年）。

2　参见，比如 Bloom 等人（2007 年）和 Bloom（2009 年）。

表 4A.3　回归分析结果

	全球	发达经济体	新兴和发展中经济体
资本支出	-0.3322***	-0.3812***	-0.2388***
	(0.0100)	(0.0126)	(0.0138)
库存	-0.2405***	-0.2559***	-0.1841***
	(0.0060)	(0.0073)	(0.0088)
股息	0.1176***	-0.0154	0.3672***
	(0.0338)	(0.0452)	(0.0473)
资产收益率	0.0013	0.0048	0.0547***
	(0.0037)	(0.0039)	(0.0145)
fin_ cstr	0.0063**	0.0144***	-0.0210***
	(0.0020)	(0.0023)	(0.0031)
fin_ cstr_ c ~ s	-0.0135***	-0.0150***	0.0091*
	(0.0028)	(0.0032)	(0.0041)
杠杆率	-0.2879***	-0.3082***	-0.1978***
	(0.0043)	(0.0051)	(0.0069)
现金流	-0.0087*	-0.0096*	0.0039
	(0.0041)	(0.0045)	(0.0098)
std_ CF	0.0934***	0.1067***	-0.0098
	(0.0144)	(0.0161)	(0.0262)
市值账面比	0.0035***	0.0035***	0.0029***
	(0.0002)	(0.0003)	(0.0004)
risk_ idio	0.0409***	0.0406***	0.0281***
	(0.0034)	(0.0039)	(0.0056)
risk_ indus ~ y	0.0035	0.0138	-0.0358***
	(0.0062)	(0.0074)	(0.0096)
risk_ agg	0.0017	0.0099***	-0.0065***
	(0.0009)	(0.0013)	(0.0012)
研发支出 2	0.0403***	0.0312***	0.0761***
	(0.0020)	(0.0023)	(0.0037)
研发支出 3	0.1392***	0.1327***	0.1572***
	(0.0045)	(0.0048)	(0.0108)
研发支出 4	0.2405***	0.2335***	0.1678***
	(0.0076)	(0.0078)	(0.0226)
IPOd	0.0416***	0.0366***	0.0536***
	(0.0019)	(0.0022)	(0.0036)
总就业人口	-0.0003***	-0.0003***	-0.0002***
	(0.0000)	(0.0000)	(0.0000)
GDP 增长	0.0023***	0.0007	0.0023***
	(0.0002)	(0.0004)	(0.0003)
恒定值	0.1837***	0.1885***	0.2297***
	(0.0079)	(0.0095)	(0.0121)
观察值	142 684	111 627	31 057
R^2	0.3751	0.3905	0.3241

注：标准误差显示在括号之中；显著性水平：* 代表 5%；** 代表 1%；*** 代表 0.1%。

资料来源：国际劳工研究所基于 FactSet Research System 的估算。

经济计量模型

本次分析的方法涉及几大不同类型的面板模型。下述的结果探讨主要针对基线设置（混合最小二乘法）展开详细讨论。表4A.3显示了以流动资金（现金与现金等价物）为因变量得出的基线回归的结果。

结果探讨

该模型显示，观察到的企业现金持有量的增加与实际投资的下降存在直接的关联性。持有现金的主要原因是当前的财务紧张。事实上，在现金持有量的变化中，有42%的原因是财务紧张（图4A.1）。[1] 有鉴于此，流动资金的增加在很大程度上受潜在的财务紧张所致，进而延缓投资。事实上，与财务状况良好的企业相比，财务紧张的企业的投资量仅仅是资产的一半。[2] 此外，财务紧张企业因债务所支付的利率（7.6%）远远高于财务状况良好企业所支付的利率（5.3%），而且其所能承受的负债额度更低。研究结果显示，企业规模与财务状况是相互关联的：企业规模越小，越有可能面临财务紧张。在解释发达经济体中的企业的现金持有量变化时，财务紧张是一个更为重要的因素。

财务紧张还会减缓就业增长，尤其是近几年，这种情况愈加明显，具体可参考第三节。相较于财务紧张的企业，财务状况良好的企业的就业平均增长较高，尽管这一点显而易见，但是财务紧张的企业的就业增长已大幅复苏，而自经济危机以来，财务状况良好的企业的就业增长却一直维持负值。

图4A.1　上市公司现金持有量的决定因素（百分比）

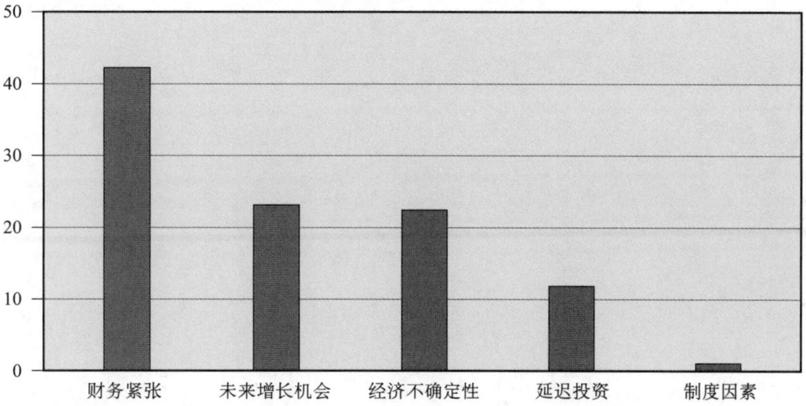

注：该柱状图显示了能够根据回归模型解释企业现金持有量变化的主要因素。

资料来源：国际劳工研究所基于FactSet Research System的估算。

1　如上文所述，财务紧张的企业是指一些未支付股息且资产收益率为负的企业。

2　根据负债占总资产的比例，财务状况良好的企业的杠杆比（19.3%）高于财务紧张的企业的杠杆比（13.7%）。这可以作为对稳健性的重要检验，并增强了对该指标能够体现财务困境的信心。此外，在这种情况下，杠杆率与有效利率之间存在非线性关系。

经济环境的不确定性也导致企业将现金作为对不可预见的活动的缓冲。从经济层面来讲，经济环境的不确定性[1]也会令未来企业收入流产生波动，并因此可能导致现金囤积、投资活动迟缓以及雇佣新员工的意愿下降。在这种情况下，导致现金持有量变化的原因中，经济不确定性占据近22%。此外，企业投资活动细化成风险分位数的情况表明，面对高不确定性的企业会减少投资并囤积现金。

企业所面临的这种经济不确定性可能源于多种原因。第一，宏观经济可能会出现波动，因此可能对一国的所有企业产生不利影响。诸如此类的宏观经济风险包括目前和潜在总需求的下降、金融体系的缺陷或者货币崩溃。第二，一些行业更容易受到不确定性的影响。比如，平均而言，与消费品生产企业相比，采掘业企业一般会面临更严重的收入波动。第三，企业层面也可能会出现不确定性，并表现为企业的运营风险[2]或企业特定的决定因素。

该模型将上述三个层面的经济风险都纳入了考量之中。根据一国总需求（GDP）的波动来识别宏观经济不确定性。利用企业和行业的全要素生产率的波动来分别衡量企业和行业的具体风险。[3]

1 在本章中，“不确定性”和“风险”经常交替出现，可将“风险”看做不确定的事件，并用概率分布来表示，以此来区分这两个术语。

2 参见巴塞尔协议II的定义。

3 企业整体现金流的动荡衡量的是整体风险，没有进一步细分。

附录 B

金融改革的进展指标[1]

就金融行业改革而言，今年年初时的改革势头似乎开始高涨。然而，在一些重要领域（比如基于风险的资本要求），要到 2019 年，即危机爆发后的十年后，才会全面引入改革。除了第二节所探讨的改革领域之外，以下各方面也值得关注（见表 4B.1）：

- *系统性风险监管机构条款*：在可获得数据的 30 个国家中，只有 10 个国家制定了适用于系统性风险监管机构的条款。
- *微观与宏观审慎监管的变化*：多数国家（30 个国家中有 24 个国家）都已引入微观与宏观审慎监管的条款。但是有六个国家（巴西、韩国、墨西哥、俄罗斯联邦、沙特阿拉伯和南非）未能针对该领域做出任何调整。
- *影子银行监管*：在 30 个国家中，只有印度执行了监管，并取得了实质性的进展。印度在危机爆发后开始通过央行监管非银行金融机构。全球领袖们却压制了人们要求改革的呼声。在欧盟，于 2011 年引入、目前在欧盟成员国实施的“另类投资基金经理指令”强制要求对冲基金经理汇报自己的工作。在美国，《多德–弗兰克法案》赋予监管机构权力，但并未明确阐明监管措施。
- *资本充足率规则的变化*：30 个国家中有 19 个并未实施改变资本充足率要求的法律。阿根廷、巴西、欧盟、印度尼西亚、韩国、俄罗斯联邦和美国并未出台针对巴塞尔协议Ⅲ的最终规则，而这些国家本应该于今年 1 月 1 日起实施这些规则。截至 2013 年 4 月，土耳其未出台任何立法草案。
- *监管信用评级机构*：30 个国家中只有三个（墨西哥、沙特阿拉伯和南非）尚未制定法律来监管信用评级机构。虽然欧盟已经通过立法要求信用评级机构注册、遵从行为准则并接受监督，而能真正减少对信用评级机构依赖的提案（《资本要求指令 IV》）却一直饱受争论。

1　附录 B 由 Kristina Deighan 编写，由 Sameer Khatiwada 提供指导。

表 4B.1　金融业改革的现状

	法规			风险限额			薪酬[1]	
	针对系统性风险监管机构的条款	微观和宏观审慎监管的变化	对影子银行的监管	资本充足率规则的变化	对评级机构的监管	银行分拆	高管薪酬限额[2]	奖金支付法规
阿根廷	✗	✗			✗			
澳大利亚	✗	✗		✗	✗			
奥地利		✗						
比利时		✗					✗	✗
巴西	✗				✗			
加拿大		✗			✗			
中国	✗	✗		✗	✗			
丹麦		✗					✗	✗
芬兰		✗						
法国	✗	✗						
德国		✗						
希腊		✗						
印度	✗	✗	✗	✗	✗			✗
印度尼西亚		✗						
爱尔兰		✗						
意大利		✗						
日本	✗	✗		✗	✗			
韩国				✗	✗			
墨西哥	✗			✗				
荷兰		✗						
葡萄牙		✗		✗				
俄罗斯联邦					✗			
沙特阿拉伯				✗				
南非				✗				
西班牙		✗		✗				
瑞典		✗						
瑞士	✗	✗		✗	✗		✗[3]	✗
土耳其	✗				✗			
英国		✗				✗		
美国		✗			✗	✗		

[1] 仅针对国有企业或银行纾困的改革并未包括在此表之内。2009年之前采用的高管薪酬上限制度的也未包括在此表之内。[2] 本表包括高管薪酬的绝对和相对上限，及有约束力的股东投票。[3] 关于瑞士的信息包含的是公民提案投票所要求的、在编制本表之时尚未生效的法律。

✗=生效的法律。白框=没有立法。

资料来源：国际劳工研究所基于各国数据的估算。

参考文献

Arcand, J. L.; Berkes, E.; Panizza, U. 2012. "Too Much Finance?" International Monetary Fund (IMF), Working Paper, WP/12/161.

Bates, T.; Kahle, K.; Stultz, R. 2009. "Why do U.S. firms hold so much more cash than they used to?", in *The Journal of Finance*, Vol. 64, No. 5, pp. 1985–2921.

Baum, C.F.; Caglayan, M.; Ozkan, N.; Talavera, O. 2006. "The impact of macroeconomic uncertainty on non-financial firms' demand for liquidity", in *Review of Financial Economics*, Vol. 15, No. 4, pp. 289–304.

Bebchuk, L.; Fried, J. 2010. "Paying for long-term performance", in *University of Pennsylvania Law Review*, Vol. 158, pp. 1915–1959.

Beck, T.; Chen, T.; Lin, C.; and Song, F. M. 2012. "Financial Innovation: The Bright and the Dark Sides", HKIMR Working Paper 05/2012.

Beck, Thorsten & Klapper, Leora F. & Mendoza, Juan Carlos, 2010. "The typology of partial credit guarantee funds around the world," Journal of Financial Stability, Elsevier, vol. 6(1), pages 10-25, April.

Bhagat, S.; Romano, R. 2009. *Reforming executive compensation: Focusing and committing to the long-term*, Yale Law and Economics Research Paper No. 374. Available at: http://papers.ssrn.com/sol3/papers.cfm?abstract_id=1336978&download=yes## [15 Apr. 2013].

Bloom, N. 2009. "The impact of uncertainty shocks", in *Econometrica*, Vol. 77, No. 3, pp. 623–685.

—; Bond, S.; Van Reenen, J. 2007. "Uncertainty and investment dynamics", in *Review of Economic Studies*, Vol. 74, No. 2, pp. 391–415.

Board of Governors of the Federal Reserve System. 2012. *Report to the Congress on the availability of credit to small businesses* (Washington, DC).

BP plc. 2013. "Directors' remuneration's report" in *Corporate Governance: BP Annual Report and form 20-F 2012*, pp. 127–146. Available at: http://www.bp.com/assets/bp_internet/globalbp/globalbp_uk_english/set_branch/STAGING/common_assets/bpin2012/downloads/directors_remuneration_report_2012.pdf [2 May 2013].

Bryois, F.; Couasnon, P.; Wigersma, D. 2013. *Minder initiative: Potential implications* (Geneva, Deloitte).

Chang, S.; Contessi, S.; Francis, J. 2011. "Excess reserves during the U.S. financial crisis: A bank-level perspective", in manuscript, Jun.

Danone. 2011. *Sustainability Report. Strategy and Performance* (Paris, Danone). Available at: http://media.corporate-ir.net/media_files/IROL/95/95168/Danone_Sustainability_Report_2011.pdf [15 Apr. 2013].

DeAngelo, H.; DeAngelo. L.; Stulz, R. 2006. "Dividend policy and the earned/contributed capital mix: A test of the life-cycle theory", in *Journal of Financial Economics*, Vol. 81, No. 2, pp. 227–254.

Deckop, J.R.; Merriman, K.K.; Gupta, S. 2006. "The effects of CEO pay structure on corporate social performance", in *Journal of Management*, Vol. 32, No. 3, pp. 329–342.

Eccles, R.G.; Ioannou, I.; Serafeim, G. 2011. *The impact of a corporate culture of sustainability on corporate behavior and performance*, Harvard Business School Working Paper No. 12-035. Available at: http://www.hbs.edu/faculty/Publication%20Files/12-035.pdf [15 Apr. 2013].

Ennis, H.; Wolman, A. 2012. *Large excess reserves in the U.S.: A view from the cross-section of banks*, Working Paper No. 12-05 (Richard, VA, Federal Reserve Bank of Richmond).

Ethics Resource Center (ERC). 2010. *Ethical leadership and executive compensation: Rewarding integrity in the C-suite*, ERC Fellows Program White Paper (Arlington, VA). Available at: http://cbe.bentley.edu/sites/cbe.bentley.edu/files/images/ethical-leadership.pdf [15 Apr. 2013].

European Commission. 2009. *Recommendation as regards the regime for the remuneration of directors of listed companies 2009/3177*, 30 April (Brussels).

European Parliament. 2010. *Resolution on remuneration of directors of listed companies and remuneration policies in the financial services sector*, 7 July (Brussels).

European Social Investment Forum (Eurosif). 2010. *Remuneration Theme Report* (Brussels). Available at: http://www.eiris.org/files/research%20publications/remunerationjan10.pdf [15 Apr. 2013].

Frydman, C.; Jenter, D. 2010. *CEO compensation,* NBER Working Paper No. 16585 (Cambridge, MA, National Bureau of Economic Research). Available at: http://www.nber.org/papers/w16585 [11 Apr. 2013].

G20 Summit. 2009. *G20 Pittsburgh summit, Leaders' statement*. Available at: http://ec.europa.eu/commission_2010-2014/president/pdf/statement_20090826_en_2.pdf [15 Apr. 2013].

House of Representatives. 2011. *Corporations Amendment (Improving Accountability on Director and Executive Remuneration) Bill 2011, Explanatory memorandum* (Canberra). Available at: http://www.comlaw.gov.au/Details/C2011B00020/Explanatory%20Memorandum/Text [3 May 2013].

International Labour Organization (ILO). 2008. *World of Work Report 2008: Income inequalities in the age of financial globalization* (Geneva, International Institute for Labour Studies (IILS)).

—. 2010. *World of Work Report 2010: From one crisis to the next?* (Geneva, IILS).

—. 2011. *World of Work Report 2011: Making markets work for jobs* (Geneva, IILS).

—. 2012. *World of Work Report 2012: Better jobs for a better economy* (Geneva, IILS).

Jensen, M.C. 1986. "Agency costs of free cash flow, corporate finance, and takeovers," in *American Economic Review*, Vol. 76, No. 2, pp. 323–329.

Miller, M.H.; Rock, K. 1985. "Dividend policy under asymmetric information", in *The Journal of Finance*, Vol. 40, No. 4, pp. 1031–1051.

McGuire, J.; Dow, S.; Argheyd, K. 2003. "CEO incentives and corporate social performance", in *Journal of Business Ethics*, Vol. 45, No. 4, pp. 341–359.

Organisation for Economic Co-operation and Development (OECD). 2011. *Board practices. Incentives and governing risks*, Corporate Governance (Paris). Available at: http://dx.doi.org/10.1787/9789264113534-en [3 May 2013].

Pinkowitz, L.; Stulz, R.; Williamson, R. 2012. *Multinationals and the high cash holdings puzzle*, NBER Working Paper, No. 18120 (Cambridge, MA, National Bureau of Economic Research).

Posner, R. 2009. "Are American CEOs overpaid, and, if so, what if anything should be done about it?", in *Duke Law Journal*, Vol. 58, pp. 1013–1047.

Prosser, T. 2009. *Executive compensation and the economic crisis*, paper presented at the conference "Negotiating out of the crisis" (25–27 November 2009), organized by the International Training Centre of the ILO. Available at: http://forum2009.itcilo.org/en/thematical-papers/executive-compensation-and-the-economic-crisis.

Sanchez, J.M.; Yurdagul, E. 2013. "Why are corporations holding so much cash?", in *The Regional Economist* (St. Louis, MO, Federal Reserve Bank of St. Louis).

Sappideen, R. 2011. "Focusing on corporate short-termism", in *Singapore Journal of Legal Studies*, Dec. 2011, pp. 412–431.

Servaes, H.; Tufano, P. 2006. *The theory and practice of corporate dividend and share repurchase policy*, Research Paper, Feb. 2006 (London, Deutsche Bank).

SolarWorld. 2011. *Remuneration Report* (Bonn). Available at: http://www.solarworld.de/en/investor-relations/corporate-governance/remuneration-report/ [2 May 2013].

Vitols, S. 2010. *Unternehmensmitbestimmung und Vorstandsvergütung in europäischen bör-sennotierten Großunternehmen* [*Executive compensation and corporate participation in listed European corporations: Summary of a study*] (Berlin, Hans Böckler Foundation). Available at: http://www.boeckler.de/pdf_fof/S-2009-215-2-2.pdf [11 Apr. 2013].

Volkswagen Aktiengesellschaft. 2011. *Sustainability Report 2011* (Versmold). Available at: http://www.volkswagenag.com/content/vwcorp/info_center/en/publications/2012/04/SR_2011.bin.html/binarystorageitem/file/VWAG_NHB_2011_e_web_neu.pdf [2 May 2013].

Whole Foods Market, Inc. 2011. *2010 Annual Report*. Available at: http://www.wholefoodsmarket.com/sites/default/files/media/Global/Company%20Info/PDFs/ar10.pdf [3 May 2013].

第五章
如何走上更为公平、更能刺激就业的经济道路

主要研究成果

- 本章介绍了应对前几章中的各项挑战的方法，这些方法既可平衡宏观经济和就业目标，又可将社会影响纳入考量。若要采用这种方法，需要关注几大政策领域，其中涉及宏观经济、劳动力市场和社会保障政策。本章着重指出了这些领域内的一系列最新举措。
- 首先，以就业为中心的方法要求各国推出财政与结构性政策，其中包括财政调整举措以及尚待解决的金融业失衡问题（第四章）。要想实现全面复苏，就需要在就业与其他宏观目标之间建立平衡。本章探讨亚洲、拉丁美洲以及几个发达经济体为实现这种平衡而采取的举措。
- 其次，完善的劳动力市场与社会保障政策既可实现社会目标，又可刺激总需求。近年来，这些政策领域已经历了重要的创新和试验，其经验教训可为进一步研究提供借鉴。
- 再次，各国需要就创造就业机会和可持续增长进一步达成共识，以便克服政策转移（在需要时）的各个障碍。这些障碍包括：缺乏对就业和社会问题应是改革重点的认识；分配问题；根深蒂固地认为政府干预会削弱竞争力，妨碍经济增长；国际合作不足，而国际合作在税收等领域以及全球总需求疲弱时期显得尤为重要。
- 本章将探讨国际劳工组织在应对上述问题上可以发挥的作用。专家建议以及对刺激就业的政策的监督会让各国受益，并促进国际合作。此外，动员和加强各国的社会对话有助于壮大支持改变的力量，并引导各国采取更能刺激就业的方法。

引言

如第一、二章所述，很多国家都还未从因全球金融危机而造成的失业及收入损失中恢复过来。甚至是在劳动力市场表现相对良好的国家中，就业质量以及经济增长成果分配问题仍令人忧心忡忡。因此，对多数国家而言，创造就业机会以及收入分配问题仍是主要难题所在。

本章回顾了宏观经济策略在促进劳动力市场恢复方面发挥的作用，并主张各国改变策略，采用更重视就业机会创造以及更公平增长的策略。

本章第一节最先探讨为进行财政调整在政策制定方面可采取的举措。该节阐述了调整举措——尤其是欧洲的调整举措——的性质和范围，并简短地回顾了这类举措对一国就业的影响以及已实施这些政策的国家对其他国家产生溢出效应的风险。第二节审视了可以被纳入统一的宏观经济与就业策略内的刺激就业的举措。最后，第三节指出了采取刺激就业策略可能面临的障碍，同时还探讨了克服上述障碍的方法，其中包括国际劳工组织可发挥的作用。

第一节　当前宏观经济状况带来的挑战

财政调整和劳动力市场结构性改革是一些发达经济体应对当前危机的首选……

自2010年以来，很多发达经济体的政策重点已转移至削减财政赤字和加强外部竞争力这两个方面。在经济衰退期间，发达国家的公共赤字都出现上涨，并在2009年达到峰值。在这段时间内，多数可获得信息的发达国家[1]已从2011年第三季度开始采用财政调整举措。[2] 从支出来看，在2009年第三季度至2011年期间，政府支出在GDP中的占比下降了1.4个百分点，这主要由于公共工资、公共投资以及社会支出下降所致（图5.1）。同一时期，政府收入在GDP中的占比上涨了1.2个百分点，这表明税收收入开始上涨，且主要以间接税收收入为主。中欧和东欧的一些国家也采取了财政调整举措，这主要由于社会福祉和公共部门工资下降，及间接税收增加所致。

政策转移的另一个重点是一些政府已启动劳动力市场结构性改革，认为放松劳动力市场监管将有助于创造就业岗位，且无须付出代价（国际劳工组织，2012年）。最新证据表明，各国更倾向于实施能够放松就业保护监

1　该研究结果来自对28个发达经济体的分析，这些经济体拥有最新的季度国民账户数据（国际劳工组织，2012年）。

2　参见《2012年世界劳工报告：更好的就业带来更好的经济》的第二章（国际劳工组织，2012b）。

图 5.1　2009—2012 年间部分政府支出项目的变化（占 GDP 的百分比）

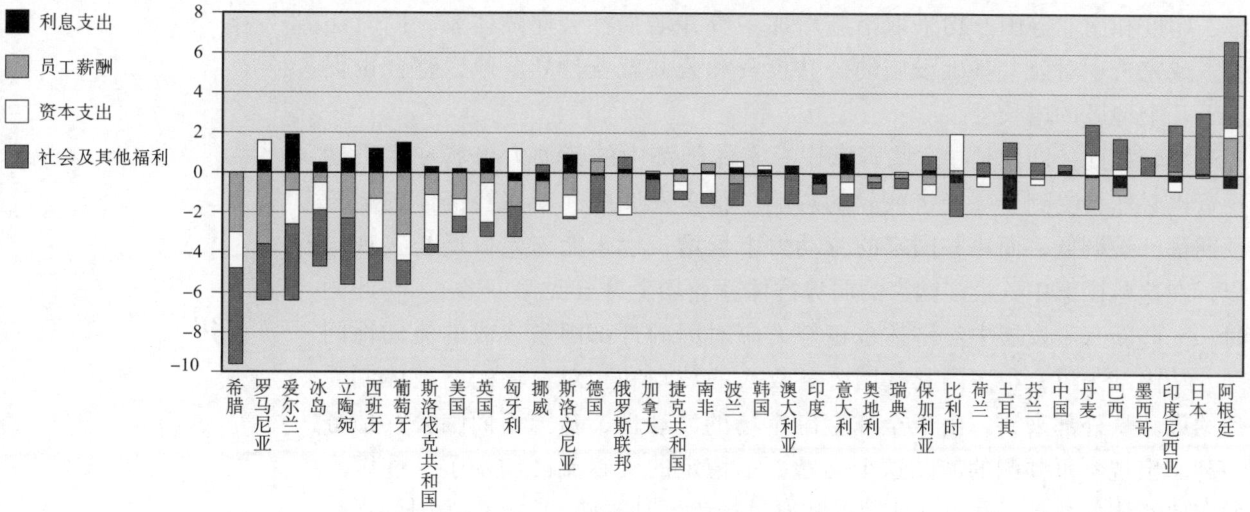

资料来源：国际劳工研究所基于国际货币基金组织《财政监测》2012 年 10 月的估算。

管和分散集体谈判的改革。[1] 现在各国希望的是，这些财政调整和结构性改革举措——尽管会在短期内增加成本——能够帮助各国削减政府赤字，遏制政府债务增加并提振商业信心，从而促进投资并创造更多的就业岗位（Alesina，2010 年）。

……但其会在很多方面影响复苏步伐……

实际效果远远低于预期，特别是在就业方面（第一章）。实际上，财政调整常与劳动力市场恶化有关。同样，正如第四章所示，多数发达经济体的生产性投资并未恢复——特别是将财政调整视为重中之重的经济体。

财政调整的直接目标是削减政府赤字和债务，但很多国家都没能实现这个目标。比如，2012 年年底，欧盟 27 国的财政赤字中位数在 GDP 中的比例依然维持在 4% 的水平，而一些国家（希腊、爱尔兰和西班牙）的赤字在 GDP 中的占比依然在 7%—11% 之间。发达经济体的财政赤字中位数也依然居高不下——2012 年七国集团成员国的财政赤字中位数在 GDP 中的占比为 6.8%，经合组织地区的这一数字整体为 5.5%。在一些国家，财政调整并未稳定公共债务（比如，希腊需要 10 年的时间才能实现基础财政收支平衡[2]，从而稳定债务，而日本则需要 12 年）。

……并对全球经济以及新兴和发展中国家产生溢出效应。

鉴于很多发达经济体增长缓慢或经济缩水，一些新兴和发展中国家已

1　比如，从 2008 年至 2012 年 3 月，131 个国家当中有 40 个通过修改遣散费和公示期的规章制度为正式员工变更了就业保护监管政策。在这些改革中，有 60% 的改革放松了面向正式员工的就业保护监管。这一现象在发达经济体中尤其明显，在发达经济体中，有 76% 的改革放松了面向正式员工的就业保护监管（Cazes 等人，2012 年）。

2　有助于稳定债务的基础财政收支平衡按如下方式计算得出：$sp_1 = d_{i-1} \times \frac{r-n}{n+1}$（Martner 和 Tromben，2004 年）。可参见 Escudero 和 López（2013 年，即将发布）。

决定推出可拉动内需的策略，以弥补暗淡的出口前景。阿根廷、巴西、中国、印度和南非等国家均采取措施增加工资并增强社会保障体系。同时还引入或完善了对公共基础设施的公共投资和公共就业计划。地区整合也促进了几个地区的增长。

尽管如此，即使是在这些国家中，实体经济中的劳动力市场和生产性投资也必然会受到全球经济疲软的影响。很多发展中和新兴经济体的增长预期都已被调低，而一些国家的劳动力市场增长也未能与人口增长实现同步，在这些国家中，很多国家的弱势群体就业均上升（见第一章）。与此同时，一些新兴和发展中经济体也正努力应对因内外部因素造成的流动性问题。从内部来讲，很多国家都因公共收入的波动和相对薄弱的财政体制受到约束。从外部来讲，由于全球金融市场的波动性，各国都面临公共债务的利率出现不可预测的波动这个问题。不稳定的资本流已加剧了一些国家的实体经济的波动，并对就业数量和质量产生不利影响，[1] 从而为财政平衡的稳定性带来更大压力。[2]

第二节　采用更易刺激就业且更为公平的方法

越来越多的国家已开始认识到过度注重短期财政调整会造成的各种风险。此外，最近的经验表明，将审慎的宏观经济政策与就业和收入目标结合起来是可行之道。本节将探讨两者结合的方式。

从宏观经济政策入手，采用更易刺激就业的方法……

阿根廷和瑞典等一些国家在之前的金融与经济危机中的经验表明，完善且相互协调的宏观经济、就业和社会政策可能会有相互促进的效果。以阿根廷为例，目标明确的社会与就业措施——以及有效的宏观经济政策——是其从2001—2002年那场严重危机中实现强劲复苏的重要因素。同样，瑞典通过采用统一的一揽子政策成功走出了20世纪90年代的那场金融危机（专栏5.1）。

总体而言，主要针对就业的宏观经济策略会将更多重点放在货币、财政和结构性改革措施对就业的影响上。这就要求仔细考虑财政调整举措的实施途径和内容。各国要更多关注国内需求，尤其是家庭收入方面，因为研究表明财政调整可能会加剧收入不平等；[3] 各国还要更多关注各自的承诺，即以刺激总需求、投资和就业的方式缓解对竞争力的担忧。如欲了解最新的成功做法，参见专栏5.2。

1　参见《2012世界劳工报告：更好的就业带来更好的经济》第四章（国际劳工组织，2012b）。

2　事实上，利用更灵活的方法评估新兴和发展中经济体的债务可持续性的研究显示，这些外部因素是导致20世纪90年代中期以来新兴市场公共债务增加近70%的主要决定因素。参见 Martner 和 Tromben（2004年）对拉丁美洲公共债务可持续性的分析。

3　参见国际货币基金组织《财政监测》，2012年10月。

专栏 5.1　危机期间采用的主要针对就业的方法：阿根廷和瑞典的经验

阿根廷应对 2001—2002 年危机的做法：为了应对 2001 年爆发的危机，阿根廷决定摒弃之前的宏观经济和结构性改革政策组合。相反，阿根廷采用了一系列措施让就业和减贫成为政策的核心目标。具体而言，阿根廷在 2002 年 5 月推出了一项帮助失业家庭的计划（Plan Jefes y Jefas de Hogar Desocupados），并重新启用 20 世纪 90 年代取消的最低与可调工资制度，同时还完善了劳动检查和集体谈判等劳动力市场体制。

从 2002 年至 2008 年全球危机爆发之前，阿根廷就业强劲增长，非正规就业率下降，贫困率下降。除了在危机最严重之时出现短暂的停滞之外，就业增长和减贫重获动力（国际劳工组织，2011b）。

阿根廷之所以能在 2002 年危机之后实现复苏，这与几大因素有关，比如比索贬值使竞争力增强，农产品和自然资源出口价格大幅上涨。然而，目标明确的社会与就业措施使就业与扶贫工作取得了积极成效。

瑞典应对 20 世纪 90 年代金融危机的做法：瑞典在 90 年代早期所面临的形势在诸多方面都与当前的危机十分相似。当时危机爆发的原因是房地产泡沫破裂，而放松金融市场管制、银行财务状况恶化、经济活动大幅减少是造成房地产泡沫破裂的原因。因此，瑞典经历了一场大衰退，GDP 下降约 5%，就业率下滑近 10 个百分点，而失业率则提高 5 倍（参见 Freeman 等人，2010 年）。

为了应对这场危机，瑞典政府首先通过颁布无限制保证，声明储户和其他瑞典金融机构的同行不会因此蒙受损失，同时整顿金融机构，由此重塑各界对瑞典金融业的信心。这一举措既安抚了私人储户，又重新规定了对外资银行的授信额度。此外，为了拯救金融机构，瑞典还制定了措施的一般框架，此举旨在避免政府支出负担过重。要求公共支持的银行有义务完全公开其财务状况。这让银行的中期盈利能力受到考验，而且这样做可确保对通过评估的、值得拯救的金融机构提供财务支持。此外，政府担保未将股东包括在内，与政府一样，股东也要面临同等程度的资本损失风险。这些举措减少了银行向政府要求财务支持的动机，从而限制了道德堕落的风险，同时，使对金融业的纾困成本被公众所接受。

第二，财政政策具有包容性。危机期间，瑞典政府允许财政赤字上升，此举旨在避免国家福利制度出现紧缩，否则这将会进一步加剧危机对人民生活水平和内需的影响。此外，瑞典还出台了就业计划，将重点重新放在制定积极的劳动力市场政策，以减少长期失业以及劳动力市场排斥的风险。这份就业计划包括出台青年就业保障，欧盟目前正在考虑采纳这项政策。

第三，维持社会对话。瑞典继续在全国范围内协调工资谈判。社会合作伙伴同意根据提高制造业的国际竞争力的需要增加工资。最后，货币贬值，这也对复苏产生了积极作用。1992—2008 年间，出口在 GDP 中的占比增加了一倍。

通过采取这些措施，瑞典的经济和就业从金融危机中快速复苏，而且并未花费大量公共资金。有人估算，财务纾困措施的最终成本占 GDP 的 3%，而不是早前担忧的 4%—5%（Jonung，2009 年）。

专栏 5.2 旨在促进就业岗位创造的宏观经济政策

由于通货膨胀率低于政府所设定的2%的目标，且失业率远远高于摩擦水平，**美国**强化了货币政策的长期就业目标。为支持这一做法，联邦公开市场委员会调整了其对联邦基金利率的前瞻性指导，明确将其与衡量经济和劳动力市场表现的量化举措挂钩。更具体而言，联邦公开市场委员会表示，只要满足下列条件，利率就会变得非常低：失业率应高于6.5%；未来1—2年的通货膨胀率预测应不高于目标值2%的0.5个百分点；较长时期的通货膨胀预期应继续保持稳定。这表明，联邦公开市场委员会有意在劳动力市场实现强劲复苏之前保持货币政策的高度包容性。该政策旨在提高可预测性并增强信心，从而加快复苏（美联储，2013年）。

尽管尚未实施，**日本**政府目前正要求日本银行仿照美联储的做法，将就业增长纳入规章之中。与此同时，为了拉动经济并创造就业岗位，日本政府批准了1170亿美元的支出，投入到公共工程、激励企业投资以及针对小企业的财务资助之中。此外，政府官员也呼吁雇主和工会增加工资，以应对通货紧缩。

为了探讨更能刺激就业的政策组合的影响，我们利用全球经济链接模型进行了模拟，以研究三个情形对就业和增长的影响。[1] 首先，我们根据当前国际货币基金组织的预测建立了基线。据此，我们研究了继续进行财政调整的情形。最后，我们探讨了各种举措，其中包括扩大公共投资以及调整劳动收入在总收入中的占比的举措。[2] 模拟结果可见表5.1。

表 5.1 2014 年刺激就业政策的模拟效果

	GDP 增长（百分比）	就业率（百分比）
基线情形	2.2	54.9
进一步财政调整	1.1	54.5
刺激就业的方法	3.6	55.6

注：GDP增长基线情形是指国际货币基金组织最新发布的《世界经济展望》对2014年的预测，及该预测中第一章提到的对就业率的计算。财政调整情形假设政府投资进一步削减，其中发达经济体的政府投资总额占GDP的1%。主要针对就业的方法将政府投资扩大、劳动者收入增加与生产力挂钩。

资料来源：国际劳工研究所基于全球经济链接模型的模拟。

1 与纯粹的实证模型不同，全球经济链接模型中宏观经济变量之间的关系源于理论经济关系，然后又经调整，以与实际经济状况相一致（参见Torres等人，2013年）。

2 更具体地来讲，在欧元区国家，如果基础设施投资在GDP中的占比增长一个百分点，劳动收入在总收入中的占比增长1.8个百分点，那么失业率就会下降至9.9%——而不是基线情形下的11.5%。关于模拟情形的更多细节，参见国际劳工组织（2012c，第40—41页）。

图 5.2　2014—2015 年期间，欧元区盈余国家实际工资每增长 1% 对欧元区失业率的净影响（百分点）

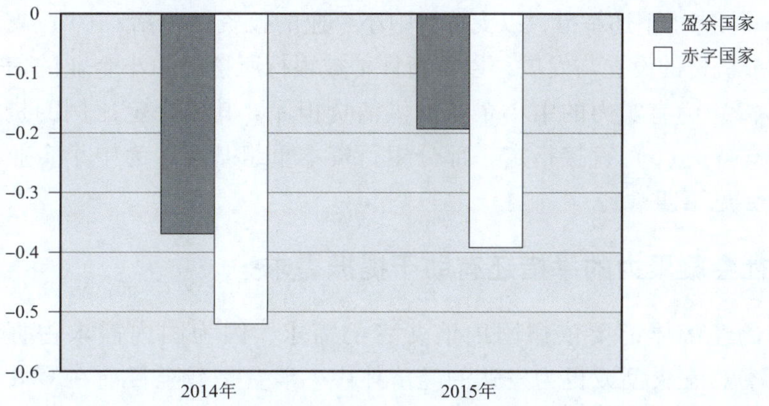

资料来源：国际劳工研究所基于全球经济链接模型的估算。

……这要求在实证基础上实行结构性改革，以免对宏观经济和社会产生不良影响……

各国需要密切关注旨在降低工资和收入的劳动力市场改革。一些国家已经实施了降低工资的政策（比如，减少最低工资水平或削弱集体谈判制度）。降低工资可能会增强外部竞争力，但也会削弱国内消费。在很多国家，尤其是内部市场较大的国家，出口比例的增加可能会被国内需求减弱所抵消，从而导致经济紧缩而非增长。此外，如果经济表现良好（比如出口表现健康、经常账户盈余）的国家计划增加实际工资，这可能会惠及其他国家。欧元区国家的模拟实验表明，在当前的经济危机期间，如果经常账户盈余的国家增加实际工资，[1] 会对其他所有欧元区经济体的就业产生有利影响（图 5.2）。[2]

……还包括对公共和私人投资给予支持。

为鼓励私营企业进行生产性投资，政府可考虑加速现有资产的贬值，这实际上会降低获取新资产、替换老旧设备的成本。其他举措包括税收抵免、让企业免交新购固定资产的税收。除了采用经济举措刺激私人投资之外，一些有针对性的举措还可鼓励各种具体的理想的投资形式：

- 公共创新投资：政府可通过资助或联合资助研发及新技术基础设施来刺激投资活动，进而促进新兴的、生产效率更高或高附加值行业的增长。此外，公共投资也会带动私人投资，尤其是急需基础设施投资的领域。促进高附加值和技术密集行业的投资也可从产业政策中受益。这种性质的举措还可包括可再生能源以及绿色增长计划。
- 投资并授信中小企业：促进中小企业的设立与可持续发展对实现就业增长而言至关重要，因为这类企业大量存在于各种经济体之中。对中小企

1　奥地利、比利时、芬兰、法国、德国、卢森堡和荷兰。

2　更具体来讲，到 2014 年，如果盈余国家的实际工资增长 1%，这些国家的失业率则会下降 0.37 个百分点，并同时使赤字国家的失业率下降 0.52 个百分点。

业而言，获得信贷以维持运营并进行投资依然是个难题，在金融市场失灵的条件下，情况尤其如此。各国政府——甚至那些为公共财政所困扰的政府——可考虑下述举措，以支持对中小企业的投资，包括：（1）支持信贷调节机构的设立与发展，以重新评估被银行所拒的中小企业的信贷要求；（2）为有实力的中小企业提供信贷担保，其中一定比例的贷款由政府支持；（3）直接指定一部分银行资本重组基金，为中小企业提供信贷（见第四章）。

支持公平和社会凝聚力的举措还有助于提振需求……

几乎所有的经济体都要依靠国内消费者的需求，因为国内需求占据GDP很大一部分，在大型或更为发达的经济体中，消费是截至目前在GDP中占比最大的部分。因此，就完善的宏观经济政策组合而言，对就业、工资和家庭收入的其他来源的关注是其重点内容。但在某些情况下，对工资和收入在增长和复苏战略中的作用关注不足。以下是一些国家已经顺利实施及需要更多关注的举措（国家举例见表5.2）：

- *避免工资停涨或缩水陷阱*：众所周知，工资停涨造成一些国家的负债支出增多并出现泡沫，进而加重全球危机的严重性。要恢复可持续的增长就必须让工资增加与生产力的提高同步。希望通过缩减工资增强竞争力的国家会发现自己陷入工资节制的陷阱，即出口增长未能抵消内需减弱的负面影响，从而导致总需求和总增长双双缩水。一些发达经济体——尤其是欧洲——正在经历这种情况。还有一些国家，特别是新兴经济体已经出台提高最低工资、鼓励集体谈判的政策，以提高总体工资水平，从而刺激国内消费。最低工资可以作为工资调整的下限，以减少在职贫困和不平等的情况。最低工资还可以作为应对工资缩水的一个缓冲。危机期间，全球几乎有近半数的经济体提高了最低工资，包括巴西、中国、日本、俄罗斯联邦、英国和美国（国际劳工组织，2011a）。
- *完善的社会保障与收入支持举措*：通过提供失业救济金和养老金等举措来支持收入的做法可以成为重要的经济需求稳定剂，有助于减少失业。维持、扩大或调整这类计划可为弱势群体提供支持，并对经济增长和就业产生积极的乘数效应。在新兴和发展中经济体，就业担保和现金转移等社会保障举措可以为弱势家庭提供支持，防止其因贫困而做出诸如变卖资产、让孩子辍学等行为，进而提高中期生产力。埃塞俄比亚、印度和南非是实施积极公共就业计划的范例，而巴西、墨西哥和很多其他国家则成功制定了现金转移计划。这些举措对减少不平等和减贫也有很大效果。
- *为失业者提供收入支持*：为失业者提供收入支持是危机期间阻止总需求下降的一个重要手段。然而，各国的收入支持在程度和范围上却大相径庭。通常会制定获取收入支持的标准（比如，最短工时），该标准会减少获取这一支持的失业者人数。新兴和发展中经济体通常缺乏失业救济金制度。而在少数几个提供失业救济金的国家，只有城镇失业人口才能领取失业救济金。由于危机暴露了这些限制条件，很多国家现在都选择扩大失业救济金的范围、放宽资格限制，尤其是针对最可能失业的人群。

表 5.2　旨在支持与平衡收入的措施的例子

通过设定社会保障最低标准和最低工资来支持低收入者	在**尼加拉瓜**，最低工资是一个有效的再分配工具，对帮助各个家庭摆脱贫困非常有效，特别是在一家之主领取最低工资时，情况更是如此。 2010 年，**玻利维亚**推出了《国家产业健康计划》和《全球健康计划策略》，以减少社会对卫生服务的排斥。正因如此，玻利维亚的正规医疗保险平均覆盖人数估计占总人口的 66.9%，而其他“极度弱势”[a] 国家的正规保险的平均覆盖率则为 46.7%。
为失业人员提供收入支持	**加拿大**在 2008 年出台的工薪阶层保护项目（WEPP）旨在为因雇主破产而失业的人提供资金援助。在经济衰退期，该计划还可为工作者提供额外的资金援助，并提高经济安全。 2009 年，**美国**推出了《美国复苏与再投资法案》（ARRA），旨在授权临时的联邦补充薪酬计划，该计划在每周福利津贴的基础上向合格的失业者提供额外的 25 美元补贴。
面向特定群体提供社会保障措施	1997 年亚洲金融危机期间，**印度尼西亚**政府启动了 JPS-BK 社会安全网计划。为了帮助贫困家庭维持自身健康并获得营养，该计划向这些贫困家庭提供基本的健康与生殖健康服务（国际劳工组织，2011e）。 **阿根廷**推出了一个计划（Asignación Universal por Hijo para Protección Social），将不同的社会计划都融合成一个儿童福利计划。该计划向未注册且工资低于最低工资的工作者、失业人口、家政工作者以及收入极低的自雇工作者提供儿童补贴（国际劳工组织，2011a）。
改善非正规部门工作者的工作条件	1995 年，**坦桑尼亚**推出名为“UMASIDA”的互助健康计划，旨在最大限度地帮助非正规部门的工作者获得医疗服务。 **印度**的自雇妇女联合会（SEWA）推出各种举措来推进妇女健康、加强妇女收入安全和赋予妇女更多权利，以此解决从事非正规就业的印度妇女的福利问题。该组织为成员提供健康教育和预防性健康护理，比如产前护理和儿童免疫接种。

[a] 国家弱势程度以贫困率（每天购买力平价低于 2 美元的人口占比）以及非正规就业的程度来衡量（国际劳工组织，2011f）。

在对可获得数据的 55 个国家的调查中，我们发现 42% 的发达经济体和近 1/3 的新兴和发展中经济体在危机期间扩大了失业救济金的范围，或实施了额外的社会补助或保障举措（图 5.3）。同样，超过 1/4 的国家引入了部分失业救济计划，并提供培训或兼职工作（国际劳工组织，2009b）。

- *将社会安全网扩大到非正规部门*：非正规部门的工作者和微型企业家收入一般较低，工作条件也不优越，还时有危险。一般情况下，当这些人出现失业、事故、疾病或步入老年时，缺乏相应的保障，尽管他们的经济更不稳定，而且非正规部门的事故以及职业病的发生率更高。缺乏保障意味着他们没有资金提升自身技能、增加企业资产或提高家庭福祉（比如让子女接受教育）。让这些人享受最低社会保障水平有助于让其职业逐步正规化、减少弱势群体和贫困人口，进而推进公平增长（国际劳工组织，2011c）。比如，分析发现领取失业救济金的非正规部门的工作者更容易求职成功（Lund，2009 年）。

……而其他举措对保持较高的劳动力市场参与率至关重要。

事实证明，提高技能与劳动力市场匹配度、激励企业留住员工、雇佣新员工是实现经济复苏和增长的有效工具。国际劳工组织早期的模拟显示，将积极的劳动力市场支出增加 GDP 的 0.5% 能够让中期就业率提高 0.2—

图 5.3　2006—2007 年和 2010—2012 年间领取失业救济金*的失业人口比例（百分比）

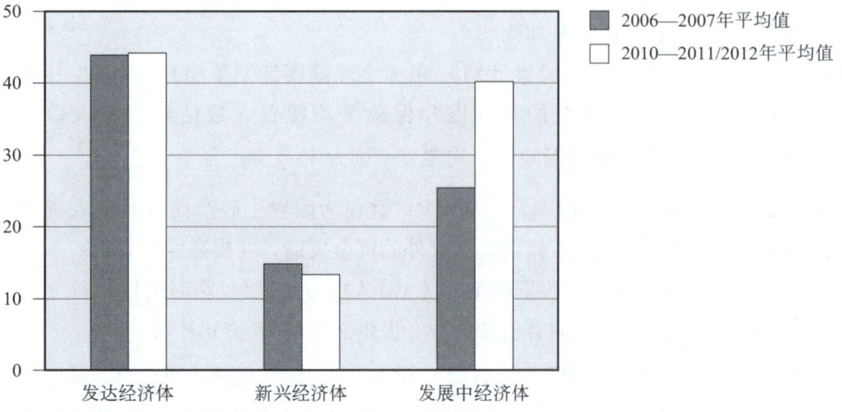

＊定期现金救济

注：两个分析阶段分别为：2006—2008 年（即危机爆发时）的平均比例和 2009—2011 年（及 2012 年，如果可获得 2012 年的数据）的平均比例。

分析样本涵盖 55 个国家。在这 55 个国家中，31 个是发达经济体，16 个是新兴经济体，8 个是发展中经济体。

国家分组的平均数是基于 2011 年购买力平价的 GDP 加权平均值。

资料来源：国际劳工研究所基于《社会保障报告》（国际劳工组织，2009b）的计算。

1.2 个百分点（取决于不同的国家）。[1] 因此，对精心设计的就业计划进行投入能推动经济增长，还可与中期的财政目标保持一致（表 5.3）。

- 提高岗位匹配度，尤其是针对弱势群体：总体而言，尽管创造就业岗位有赖于经济的增长，但是大量研究显示，光靠增长还无法让某些弱势或被排斥群体受益。一些国家已经采取举措来提高岗位匹配度，帮助这类群体从经济增长中获益，比如：可通过向企业提供减税、工资补贴或工作计划等激励举措，让其雇佣弱势工作者。这些补贴的主要目的是让目标群体的成员填补岗位空缺，而非创造更多就业岗位。然而，这会产生很大的社会效益和减贫效应，因为这些补贴让原本可能更难找到工作的人获得工作机会。从长期来看，这一举措增加了劳动力的供给，并因此产生积极的宏观经济效应（Meadows，2007 年）。
- 提高员工忠诚度：出台激励举措以鼓励企业和工会通过减少工时而非裁员来调整劳动力需求成为危机期间一些国家采取的行之有效的机制。这些计划既有积极的一面，因为这些计划鼓励雇主在工作短缺期间不裁员；但又有消极的一面，因为虽然工资或工时暂时减少，但这些计划仍支持获取收入（Crimmann 等人，2010 年）。
- 与所需技能相匹配的培训计划：与纯粹的课堂培训相比，雇主直接参与培训会产生更好的效果，其既可提供在职培训，也可为课堂培训提供实践活动（Martin 和 Grubb，2001 年）。这个做法在让工作者获得新兴行业所需的技能方面至关重要。有鉴于此，加强私人部门与公共部门之间的关系或许有助于提高培训的整体效果（国际劳工组织，2011d）。

1　（国际劳工组织，2011e）。

表 5.3 加强就业关系与提升技能的措施的例子

激励雇佣新员工	2008 年，**土耳其**政府设计了一个名为青年工资补助计划的青年就业补贴，这项补贴的有效期是 2008 年 7 月至 2009 年 6 月。在计划有效期内，净注册岗位数大幅增加，从 5% 增至 15%（Betcherman 等人，2008 年；国际劳工组织，2013 年即将公布）。
让工作者继续留在劳动力市场	**加拿大**的“工作分享计划”让企业和工作者能在危机期间继续他们之间的雇佣关系。 在**德国**，就业稳定性在很大程度上是通过旨在调整工时的举措来实现的。企业通过减少加班、缩短正常工时和调整工时账户等机制，调整工时以适应产出的上升或下降。[a]
提升工作者的技能	**瑞典**推出了一项面向失业者的信息技术培训计划，雇主也积极参与这项计划，以选择培训并提供实践机会。与根据标准的积极劳动力市场政策（ALMP）提供的一般失业者 IT 培训项目相比，经该计划培训的员工的就业率要高 20%。 **马拉维、南非和坦桑尼亚**等一些非洲国家也推出了由政府支持、将理论学习和实践相结合的学徒工计划（国际劳工组织，2012a）。这些国家致力于在政府、服务提供商和私人部门之间构建合作关系，并在此基础上创建自己的做法。 **阿根廷**于 2009 年推出了 Jovenes con Mas y Mejor Trabajo 计划。这项计划主要面对 18—24 岁、无工作、无社会资助、未完成义务教育的青年。为鼓励这些青年参与该计划，阿根廷政府为报名参加培训讲习班的青年提供资金补贴。
在收入支持与激励之间建立平衡	**丹麦**建立了一个广泛的社会安全网，将灵活的雇佣和解聘规则与积极劳动力市场政策的广泛使用结合起来。在危机期间，丹麦通过这种政策组合实现了相对良好的就业效果（Andersen，2011 年）。 为了加强劳动力市场政策的自动稳定效应，**德国**完善了《公共就业服务计划》。事实上，前两个刺激计划公布了提高失业人口与社会工作者比例的举措（国际劳工组织，2011b）。

[a] 工时账户可用来注册和管理因既定工作计划改变所导致的时间信贷和赤字。这可以加强员工日常工时的结构灵活性，并可让员工在允许的范围内对每日和每周工作时间做出调整。

第三节 刺激就业措施的政治经济学

上一节探讨了一系列可用以支持就业复苏和增长的宏观经济、劳动力市场和社会政策。然而，尽管就业增长这个目标受到广泛支持，但向能够实现这一目标的政策转移却受到了诸多阻碍。本节主要探讨如何从政治经济学层面应对这些阻碍，及国际劳工组织在这方面可发挥的作用。

为了采取刺激就业的策略，首先要厘清对有利于促进就业的干预措施所产生的经济效果的误解，这一点至关重要……

尽管诸多实证都与其相悖，但政府采取的有利于促进就业的干预措施会破坏经济的观点却根深蒂固。[1] 这一点在应对主权债务危机以及对全球金融市场缺乏信心的国家尤为明显。在这种情况下，已采取的整顿政策往往会将大部分整顿成本不成比例地转移到劳动力市场和社会计划上。在一些情况下，政府采取有利于促进就业的政策的机会就会受限于国际金融机构设定的条件。

更普遍的说法是，尽管有案例表明以社会保障或最低工资等形式出现的政府干预会产生良好效果（第三章对此进行了探讨），但是这也可能会对竞争力产生不利影响，并破坏未来的增长前景。同样，公共投资有时也被认为会挤压私人投资，即使是在总需求不足、产能过剩的领域也是如此。相比之下，第四章则指出了公共政策之间相辅相成的作用，比如基础设施投资和研发投资。与大量数据相悖的是，依然有地区相信，放松管制、限制政府干预会增强商界信心，拓宽进入国际金融市场的渠道并增加投资，尽管这些效果在很多发达经济体中都不明显。

在这种情况下，各国政府和国际金融机构都必须审查有效举措相关证据——特别是无效举措——以采用社会认可且持续有效的方式完成财政调整。

……其次，要提倡相互协调，避免各国单打独斗……

阻碍采用刺激就业措施的一大主要因素是政策制定者不愿被认为是单方面做出变革，这会损害其各自政府的名誉。即使变革被公认为是一个更明智的策略，但对国家而言，如果缺乏一定程度的国际协调或支持，变革也很难实施。这既是一个“信息问题”，又是一个老生常谈的“协调问题”。各国可能也会逐步达成共识，认为政府必须推出促进增长、刺激就业的政策（专栏5.3），20国集团峰会就提供了一个协调机会（参见国际劳工组织和经合组织，2011a）。

不充分的政策协调往往会给总需求带来下行压力。发展中国家在20世纪80、90年代的经历就是一大例证。为了应对当时的金融危机，这些经济体中的很多经济体都起用了对外顺差策略。这是可行之道，因为发达经济体均负有外债；然而，不平衡是不可持续的。展望未来，必须采用其他方法为增长和就业岗位创造营造一个稳定的环境。大萧条、20世纪70、80年代的经济衰退（Oudiz和Sachs，1984年）、亚洲金融危机的证据以及最新的实证证据[2]均表明，协调的政策将极大地有利于创造就业岗位。[3]

……再次，要认识到，收入分配越公平，就越能提高公正度和效率。

对分配的担忧是另一个阻碍实施刺激就业策略的主要因素。但是这种策略并不适合所有国家。比如，将税收从生产性投资和就业中剥离往往会影响财政收入和财产性收入。分析对评估这些交易是真是假非常重要。与

1　比如，参见有关政策制定不一致性的研究，其中包括Maskin和Xu（2001年）、Robinson和Torvik（2009年）。

2　一些理论和实证分析已经发现协调能带来巨大好处，有关示例可参见Canzoneri等人（2005年）、Cooley和Quadrini（2002年）、Kollmann（2002年）、Pappa（2002年）、Sutherland（2002年）和Tchakarov（2002年）。

3　为了给金融机构纾困，内向型政府向世界其他各国——特别是发展中国家——筹集了大量急需资金。另外一个案例则是10月初爱尔兰实施的一份存款担保将英国银行的很多储户都吸引了过来，几乎引发了一场存款热潮（参见Frieden，2009年）。

专栏 5.3　国际政策讨论如何解决就业与社会和谐问题

20 国集团首次首脑峰会于 2008 年 11 月召开，旨在协调全球应对不久之前爆发的金融危机的举措。从那以后，各国元首已经进行了五次会晤。首次峰会的重点几乎全部集中在如何解决全球金融体系面临的挑战上。2009 年年初，20 国集团在伦敦做出保证，一定要“重塑信心，恢复经济增长并创造更多就业岗位”。同时，20 国集团还承认，工作岗位以及均衡的增长对实现可持续复苏至关重要。

然而，有的国家依然认可就业岗位会随经济增长而增加这一看法。因此，在 2009 年年末（当时全球经济已经开始复苏）匹兹堡峰会召开之时，与会国均流露出过早胜利的成就感。20 国集团确实注意到失业挑战仍然存在，并做出强有力的承诺，要将复苏重点放在创造高质量的就业岗位上。

然而，在 2010 年 6 月的多伦多峰会上，讨论重点已转移至削减财政赤字，特别是发达经济体的财政赤字。尽管很多 20 国集团的成员国在创造就业岗位方面面临重重困难，但是在此次峰会上，各成员国未能充分认识到工作岗位的重要性及其在实现可持续复苏方面的职责。

在 2010 年年末举行的首尔峰会上，由于各国都清楚地认识到劳动力市场和社会形势的恶化正对经济复苏产生不利影响，因此创造就业岗位又成为议程之首，各国首脑纷纷表示将“坚定地将创造就业岗位放在复苏工作的首位”。然而，这些承诺的重点在于教育和培训，以增加劳动力供给、提高劳动率，而不是提供更直接的支持，以刺激劳动力需求、创造就业岗位。

在 2011 年 11 月的戛纳峰会上，由于全球经济依然面临庞大的就业赤字，成员国将重点更多地放在了制定“促进增长与就业的全球战略”上。然而，这一承诺受到财政调整的约束，即使在公共财政非常充足的国家，也只是建议让自动稳定剂发挥作用，而不采用更多的直接刺激举措或其他举措。

在 2012 年 6 月的洛斯卡沃斯（墨西哥）峰会上，20 国集团首脑声称，“将携起手来，共同促进增长与就业”。他们发表了一份声明，旨在解决就业、社会保障、食品安全、发展挑战和通过包容性的绿色增长实现长期富裕等问题。各与会国在峰会上通过了《增长与就业行动计划》，以共同增加需求、重塑信心，进而支持增长并促进金融稳定，为所有国家创造高质量的就业岗位和机会。

资料来源：20 国集团（2012 年、2011 年、2010a、2010b、2009 年和 2008 年）。

其他群体或企业相比，如果推出刺激就业的政策的确更有益于中低收入群体或小企业，则评估与不同策略相关的公正性和效率就变得至关重要（参见 Torres，2010 年）。比如，完善的工资政策可能能够支持公平这一目标，并促进整体增长和税收收入，从而缓解财政政策的压力。

国际劳工组织可以构建政治共识、促进社会对话。

国际劳工组织可以是解决“信息和协调问题”的一大力量。作为专注于劳动力问题的一家国际机构，国际劳工组织可为采取刺激就业策略的国家计划提供支持，并增强其在国际上的信誉。

推动就业增长与公平的政策是国际劳工组织议程的重要方面。事实上，这已经纳入了《国际劳工组织章程》和其他一些基本文件之中。[1] 自危机爆发以来，国际劳工组织一直积极参与关于如何确保就业复苏、如何向全球可

1　2008 年出台的《争取公平全球化的社会正义宣言》是构筑在 1944 年《费城宣言》以及 1998 年《工作中基本原则和权利宣言》的基础之上。该宣言强调了国际劳工组织在通过《体面工作议程》应对社会层面的全球化方面所发挥的关键作用。国家元首和政府首脑通过这份宣言表示，同意“将所有人的充分就业或生产性就业及体面工作作为……国家和国际政策以及国家发展议程的核心目标”，国际劳工组织（2008 年）。

持续发展与增长模式过渡的国际讨论（国际劳工组织，2010 年）。国际劳工组织在应对危机时，将刺激就业作为工作重点的做法最终促成了《全球就业协议》（国际劳工组织，2009a）的签署——这份协议是一项全球性政策文件，涉及与其他国际机构的诸多对话。这些文件与决策是国际劳工组织成员对其下达的强制命令，要求其支持那些可以创造体面工作并推动社会正义的政策。

国际劳工组织重建与其他国际组织的合作关系有助于确保宏观经济目标和社会目标得到同等对待。最后，与过去相比，政府、雇主和工作者组织之间的社会对话在制定刺激就业的政策方面更具针对性。

参考文献

Alesina, A. 2010. “Fiscal adjustments: Lessons from recent history”, paper prepared for the Ecofin Meeting in Madrid, 15 April (Harvard University).

Andersen, M. T. (2011), “A flexicurity labour market in the great recession – the case of Denmark”, paper presented at the CPB-ROA conference on flexibility of the labour market.

Behrendt, C.; Bonnet, F.; Cichon, M.; Hagemejer, K. 2011. “Social security: Three lessons from the global crisis”, in *The global crisis: Causes, responses and challenges* (Geneva, International Labour Office), pp. 167–180.

Betcherman, G.; Daysal, N. M.; Pages, C. (2008). “Do Employment Subsidies Work? Evidence from Regionally Targeted Subsidies in Turkey.” IPC Working Paper Series No. 66.

Canzoneri, M.; Cumby, R.E.; Diba, B.T. 2005.“The need for international policy coordination: What’s old, what’s new, what’s yet to come?”, in Journal of International Economics, Vol. 66, Issue 2, pp. 363–384.

Cazes, S.; Khatiwada, S.; Malo, M. 2012. *Employment protection and collective bargaining: Beyond the deregulation agenda*, Employment Sector Working Paper No. 133 (Geneva, International Labour Organization).

Cooley, F.; Quadrini, V. 2002. “Common currencies vs. monetary independence”, Working Paper (New York University).

Crimmann, A.; Wießner, F.; Bellmann, L. 2010. *The German work-sharing scheme: An instrument for the crisis*, Conditions of Work and Employment Series No. 25 (Geneva, International Labour Office).

Escudero, V.; López Mourelo, E. 2013 (forthcoming). *Public debt, fiscal consolidation and the effect on employment*, ILO Research Series (Geneva).

Federal Reserve. 2013. “Challenges confronting monetary policy”, speech of the Vice Chair Janet L. Yellen at the 2013 National Association for Business Economics Policy Conference, Washington, DC, 4 March 2013. Available at: http://www.federalreserve.gov/newsevents/speech/yellen20130302a.htm#f14 [accessed 26 May 2013].

Freeman, R.; Swedenborg B.; Topel, B. (eds) 2010. *Reforming the welfare state: Recovery and beyond in Sweden*, National Bureau of Economic Research (University of Chicago Press).

Frieden, J.A. (2009), ‘Avoiding the worst: International economic cooperation and domestic politics’, VoxEU (February 2). Available online at http://www.voxeu.org/index.php?q=node/2956

G20. 2012. G20 leaders’ declaration, 18–19 June 2012, Los Cabos, Mexico.

—. 2011. *Communiqué: G20 Leaders Summit*, 3–4 Nov. 2011, Cannes.

—. 2010a. *The G20 Seoul Summit Leaders’ Declaration*, 11–12 Nov. 2010, Seoul.

—. 2010b. *The G20 Toronto Summit Declaration*, 26–27 June 2010, Toronto.

—. 2009. *The Pittsburgh Summit: Leaders’ Statement*, 24–25 Sep. 2009, Pittsburgh.

—. 2008. *Declaration Summit of Financial Markets and the World Economy*, 15 Nov. 2008, Washington, DC.

International Labour Organizaion (ILO). 2013 (forthcoming). *Kenya: A job-centred policy framework for a more inclusive labour market*, Studies on Growth with Equity (Geneva, International Institute for Labour Studies).

—. 2012a. *Statistical update on employment in the informal economy* (Geneva, Department of Statistics).

—. 2012b. *World of Work Report 2012: Better jobs for a better economy* (Geneva, International Institute for Labour Studies).
—. 2012c. *Eurozone job crisis: Trends and policy responses*, Studies on Growth with Equity (Geneva, International Institute for Labour Studies).
—. 2011a. *Building a sustainable job-rich recovery* (Geneva, International Institute for Labour Studies).
—. 2011b. *Germany: A job-centred approach*, Studies on Growth with Equity (Geneva, International Institute for Labour Studies).
—. 2011c. *Key Indicators of the Labour Market (KILM)*, 7th edition (Geneva).
—. 2011d. *Spain: Quality jobs for a new economy*, Studies on Growth with Equity (Geneva, International Institute for Labour Studies).
—. 2011e. *World of Work Report 2011: Making markets work for jobs* (Geneva, International Institute for Labour Studies).
—. 2011f. *World Social Security Report 2010/11: Providing coverage in times of crisis and beyond* (Geneva).
—. 2010. *Policy coherence for strong, sustainable and balanced growth*, Conference Paper of the Working Party on the Social Dimension of Globalization, 309th Session, Geneva, Nov. 2010.
—. 2009a. *Recovering from the crisis: A global jobs pact*, text adopted by the International Labour Conference at its Ninety-eighth Session, Geneva, 19 June 2009.
—. 2009b. *Protecting people promoting jobs*, ILO Report to the G20 Leader's Summit, Sep. 2009.
—. 2008. ILO *Declaration on social justice for a fair globalization*, text adopted by the International Labour Conference at its Ninety-seventh Session, Geneva, 10 June 2008.
International Labour Organization (ILO); Organisation for Economic Co-operation and Development (OECD). 2011a. *Promoting policy coherence for decent work and full, productive employment*, a policy note for the G20 Meeting of Labour and Employment Ministers, Paris 26–27 Sep. 2011, prepared by the ILO in collaboration with the OECD (Geneva).
Jonung, L. 2009. *The Swedish model for resolving the banking crisis of 1991–93: Seven reasons why it was successful*, Economic Papers 360, Feb. (European Commission).
Kollmann, R. 2002. "Monetary policy rules in an interdependent world", Working Paper (University of Bonn).
Lund, F. 2009. "Social protection and the informal economy: Linkages and good practices for poverty reduction and empowerment", in *Promoting pro-poor growth: Social protection* Paris, OECD).
Martin, J.P.; Grubb, D. 2001. "What works and for whom: A review of OECD countries' experiences with active labour market policies", in Swedish Economic Policy Review, Vol. 8, pp. 9–56.
Martner, R.; Tromben, V. 2004. «La sostenibilidad de la deuda pública», in *Revista de la CEPAL*, Vol. 84, Dec., pp. 99-115
Maskin, E.; Xu, C. 2001. Soft budget constraint theories, in *Economics of Transition*, Vol. 9, pp. 1–27.
Meadows, P. 2007. *What works with tackling worklessness?*, review prepared for the London Development Agency and GLA Economics (London).
Pappa, E. 2002. "Do the ECB and the Fed really need to cooperate? Optimal monetary policy in a two-country world", Working Paper (London School of Economics).
Robinson, J.A.; Torvik, R. 2009. "A political economy theory of the soft budget constraint", *European Economic Review*, Vol. 53, pp. 786–798.
Sutherland, A. 2002."International monetary policy coordination and financial market integration", Working Paper No. 174, European Central Bank.
Tchakarov, I. 2002. "The gains from international monetary cooperation revisited", Working Paper (University of California, Davis).
Torres, R. 2010. "Incomplete crisis responses: Socio-economic costs and policy implications", in *International Labour Review*, Vol. 149, No. 2, pp. 227–237.
Torres, R.; Kühn, S.; and Charpe, M. (2013). Inequalities and crisis recovery, in Genevey, R., Pachauri, R., Tubiana, L. (eds), Reducing Inequalities: A Sustainable Development Challenge, TERI Press, New Delhi